之學也．大學章句經一章 註：明德者．人之所得乎天而虛靈不昧．以具衆理而應萬事者也．氣稟所拘．人欲所蔽．則有時而昏．然其本體之明．則有未嘗息者．大學集註大全：天之賦於物者謂之命．人與物受之者謂之性．主於一身者謂之心．有得於天而光明正大者謂之明德．大學註大全：虛靈不昧便是心．大學集註大全：虛靈．自是心之本體．大學集註大全：明德．只是．孟子公孫丑上：惻隱之心．仁之端也．羞惡之心．義之端也．辭讓之心．禮之端也．是非之心之端也．大學章句傳一章：皆自明也．大學章句傳一章 註：天之明命．卽天之所以與我而我以爲德者也．常目在之．則無時不明矣．大學章句：新者．革其舊之謂也．言旣自明其明德．推以及人．使之亦有以去其舊染之汚也．大學章句傳二章 註：誠能一日．有以滌其舊染之汚新．則當因其已新者．而日日新之．又日新之．不可略有間斷也．大學章句傳二章 註：鼓之．振起其自新之民也．大學章句傳二章：周雖舊邦．其命維新．大學章句經一章 註：明德爲本民爲末．大學章句經一章 註：止者．必至於是而不遷之意．大學章句經一章 註：至善．則事理然之極也．大學章句經一章 註：明明德．新民．皆當止於至善之地而不遷．周易艮卦：艮．止．時止則止．時行則行．動靜不失其時．大學章句傳三章：邦畿千里．惟民所止．……緡蠻黃鳥于丘隅．……穆穆文王．於緝熙敬止．爲人君．止於仁．爲人臣．止於敬．爲人子．止於孝．爲．止於慈．與國人交．止於信．大學章句傳三章：子曰．於止知其所止．可以人而不如鳥乎．大句傳三章 註：言聖人之止．無非至善．五者乃其目之大者也．大學章句傳三章：如切如磋．如磨．瑟兮兮．赫兮喧兮．大學章句傳三章 註：切以刀鉅．琢以椎鑿．皆裁物使成形質也．磋以以沙石．皆治物使其滑澤也．治骨角者．旣切而復磋之．治玉石者．旣琢而復磨之．皆言其治緒而益致其精也．瑟．嚴密之貌．．武毅之貌．赫喧．宣著盛大之貌．大學章句傳三章 註：瑟．之貌．．武毅之貌．赫喧．宣著盛大之貌．大學章句傳三章：如切如磋者．道學也．如琢如磨者修也．瑟兮兮者．恂慄也．赫兮喧兮者．威儀也．大學章句傳三章：詩云．於戲前王不忘．君子其賢而親其親．小人．樂其樂而利其利．此以沒世不忘也．大學章句傳三章 註：前王所以新

蒙. 童蒙求我. 周易蒙. 象曰. 蒙. 山下有險. 險而止. 象曰. 山下出泉. 周易蒙. 初六. 發蒙
用刑人. 用脫桎梏. 以往吝. 象曰. 利用刑人. 以正法也. 九二. 包蒙. 吉. 納婦. 吉. 子克家.
子克家. 剛柔接也. 六三. 勿用取女. 見金夫. 不有躬. 无攸利. 象曰. 勿用取女. 行不順也.
困蒙. 吝. 象曰. 困蒙之吝. 獨遠實也. 六五. 童蒙. 吉. 象曰. 童蒙之吉. 順以巽也. 上九.
不利爲寇. 利禦寇. 象曰. 利用禦寇. 上下順也. 大學章句序: 人生八世……皆入小學. 而
以灑掃應對進退之節. 禮樂射御書數之文. 及其十有五年……皆入大學. 而敎之以窮理正
己治人之道. 論語 爲政: 子曰. 吾十有五而志于學. 三十而立. 四十而不惑. 五十而知天命.
而耳順. 七十而從心所慾不踰矩. 번호 ①②③④⑤⑥은 논의의 편의를 위해 붙임. 論語集釋
政: 十五成童志明. 人大學學經術. 이하 論語集釋의 원문은 唐以前古注. 人名. 別解 등을
제시하지 않고 集釋으로 표기한다). 集釋: 十五是成童之歲. 識慮堅明. 集釋: 觀立上用一
其指學立毫無疑義. 集釋: 立. 謂所學經業成立也. 古人三年明一經. 從十五至三十是又
年. 故通五經之業. 所以成立也. 古之學者. 耕且養. 三年而通一藝. 存其大體. 玩經文而已
故用日少而蓄德多. 三十而五經立. 集釋: 三十曰壯. 有室. 立也者. 立於禮也. 君子惟明禮
可以居室. 不然. 風俗之衰與人倫之變. 未有不自居室始者. 故曰人有禮則安. 無禮則危也.
四十强而仕. 業通十年. 經明行修. 德茂成於身. 訓洽邦家. 以之政. 可以無疑惑也. 集釋: 立
經也. 不惑. 達權也. 集釋: 遇變而惑. 雖立不固. 四十不惑. 可與權矣. 强禮然後可與立. 不惑
後可與權. 集釋: 知天命之始終. 天命. 謂窮通之分也. 集釋: 人年未五十. 則猶有橫企無厓. 及
五十始衰. 則自審己分之可否也. 集釋: 若不惑. 知天命. 則以經證經. 不惑是知人. 知天命則
天. 不惑是窮理盡性. 知天命是至于命. 知天命者. 知己爲天所命. 非虛生也. 故以知天命
命者. 立之於己. 而受之於天. 聖人所不敢辭也. 集釋: 知天命生德當在我也. 是故知有仁義
智之道. 奉而行之. 此君子之知天命也. 知己有得於仁義禮智之道. 而因推而行之. 此聖人之
命也. 集釋: 耳順. 文其言而知其微旨也. 言心識在聞前也. 集釋: 耳順者. 廢聽之理也. 朗

始令終·貴不踰法·示之易行·而約之以禮·爲敎之例·其在玆矣·集釋:聖人之所以爲聖人者
其有始有卒·常久日新而已·必積十年而一進者·成章而後達也·論語集釋:曰志曰立曰不惑
境也·曰知天命·悟境也·曰耳順曰從心·證境也·集釋:此章眞夫子一生年譜·自敍進學次第
·可見聖人一生所重惟在於學·所學惟在於心·他非所與焉·孟子盡心下:孟子曰·由堯舜至於
·五百有餘歲·若禹皐陶·則見而知之……有文王至於孔子·五百有餘歲·若太公望散宜生
見而知之·若孔子·則聞而知之·由孔子而來·至於今·百有餘歲·去聖人之世·若此其未遠也
聖人之居·若此其甚也·然而無有乎爾·則亦無有乎爾·孟子公孫丑上:凡有四端於我者·知
擴而充之·孟子盡心上:孟子曰·盡其心者·知其性也·知其性·則知天矣·存其心·養其性·所
事天也·壽不貳·修身以俟之·所以立命也·孟子盡心上:萬物·皆備於我矣·孟子集註盡心
:心者·人之神明·所以具衆理·而應萬事者也·性則心之所具之理·而天·又理之所從以出者
人有是心·莫非全體·然不窮理·則有所蔽·而無以盡乎此心之量·……旣知其理·則其所從
·亦不外是矣·……盡心知性·而知天·所以造其理也·存心養性·以事天·所以履其事也·不
其理·固不能履其事·然徒造其理·理不履其事·則亦無以有諸己矣·性理大全性理4(心):虛
自是心之本體·非我所能虛也·耳目之視聽·所以視聽者·卽其心也·大學傳7章:心有所忿
得其正·有所恐懼·則不得其正·有所好樂·則不得其正·有所憂患·則不得其正·心不在焉·視
不見·聽而不聞·食而不知其味·聖學輯要窮理章:橫渠曰·心統性情者也:邵子曰·性者·道
形體也·心者·性之郭也·孟子告子上:學問之道·無他·求其放心而已矣·聖學輯要收斂章
放心·爲學問之其址·蓋古人·自能食能言·便有敎·動罔或悖·思罔或逾·其所以養其良心·尊
德性者·無時無事而不然·……今者·自少無此工夫·徑欲從事於窮理修身·則方寸昏擾擧止
違·其所用功·若存若亡·決無有成之理·……雖在千萬人中·常知有己·則無事而虛寂·可養
體·有事而照察·可正其用·孟子公孫丑上:自反而縮·雖千萬人·吾行矣·孟子公孫丑上:(八
丑)曰·敢問夫子之不動心·與告子之不動心·可得聞與·告子曰·不得於言·勿求於心·不得

辭. 知其所蔽. 淫辭. 知其所陷. 邪辭. 知其所離. 遁辭. 知其所窮. 生於其心. 孟子集註告子上
人之有言. 皆出於心. 其心. 明乎正理而無弊然後. 其言. 平正通達而無病. 孟子公孫丑上: 敢
夫子惡乎長. 曰. 我知言. 我善養吾浩然之氣. 敢問何謂浩然之氣. 曰. 難言也. 其爲氣也. 至
至剛. 以直養而無害. 則塞于天地之間. 其爲氣也. 配義與道. 無是. 也. 是集義所生者. 非義襲
取之也. 行有不慊於心. 則矣. 孟子集註公孫丑上: 浩然. 盛大流行之貌. 氣. 卽所謂體之充者
子公孫丑上: 必有事焉而勿正. 心勿忘. 勿助長也. 孟子盡心下: 可欲之謂善. 有諸己之謂信
實之謂美. 充實. 而有光輝之謂大. 大. 而化之之謂聖. 聖. 而不可知之之謂神. 孟子盡心下: 王
之理. 其善者. 必可欲. 其惡者. 必可惡. 孟子集註盡心下: 可欲是資稟說這人可愛. 只是渾全
箇好人. 孟子集註盡心下: 志仁無惡之謂善. 孟子集註盡心下: 凡所謂善. 皆實有之. 如惡惡臭
好好色. 是則可謂信人矣. 孟子集註盡心下: 誠善於身之謂信. 孟子集註盡心下: 力行其善. 至
充滿而積實. 則美在其中. 孟子集註盡心下: 是就行上說. 事事都行得盡. 充滿積實. 美在其
孟子集註盡心下: 和順積中. 而英華發外. 美在其中. 而暢於四肢. 發於事業. 則德業至盛. 不
可加矣. 孟子集註盡心下: 其在事也. 則德盛仁熟而天下文明. 是則所謂大人也. 孟子告子下
將降大任於是人也. 必先苦其心志. 勞其筋骨. 餓其體膚. 空乏其身. 行拂亂其所爲. 所以動心
性. 曾益其所不能. 孟子文公下: 居天下之廣居. 立天下之正位. 行天下之大道. 得志. 與民由
不得志. 獨行其道. 富貴不能淫. 貧賤不能移. 威武不能屈. 此之謂大丈夫. 孟子集註文公下
廣居. 仁也. 正位. 禮也. 大道. 義也. 孟子集註文公下: 此心. 廓然無一毫私意. 大學章句大全
首章: 其要人先讀大學以定其規模. 次讀論語以立其根本. 次讀孟子以觀其發越. 次讀中庸以求
古人之微妙. 論語雍也: 中庸之爲德. 其至矣乎. 民鮮久. 中庸3章: 中庸之爲德. 其至矣乎. 民鮮
能久. 中庸章句: 朱子. 中者. 不偏不倚無過不及之名. 庸. 平常也. 程子. 不倚之謂中. 不易之
謂庸. 中庸章句大全 1章 註: 天所賦爲命. 物所受爲性. 理一也. 自天所賦予萬物言之謂之命
以人物所稟受於天言之謂之性. 大學章句大全 首章: 天之賦於人物者謂之命. 人與物受之者謂

유교儒敎 사서四書의 배움론

– 사서四書의 학문관學問觀을 통해 본 유교의 지향 –

유교儒教 사서四書의 배움론

– 사서四書의 학문관學問觀을 통해 본 유교의 지향 –

신창호 지음

온고지신

서 언

유교
삶의 테크네

사실이건 사실이 아니건, 우리는 배움을 통해 성장한다고 믿는다. 그런 점에서 배움은 인생의 성숙을 추동하는 힘이다. 배움의 근원어는 '배다' 이다. '배다' 는 '무엇 무엇이 몸에 배다' 라는 말처럼, 익숙해지거나 숙련되는 양상을 의미한다. 일종의 습관화習慣化이기도 하다. 그래서 나는 배움을 '장아찌' 에 비유한다. 된장이나 고추장 속에 삼투滲透하여 무르익는, 무나 마늘장아찌처럼, 내 몸에, 우리 몸에 배는 삶의 기술.

『중용』에서는 배움을 박학博學 · 심문審問이라는 용어로 정돈했다. 박학의 '학學' 과 심문의 '문問' 을 통해, 그것은 '학문學問' 이라는 개념을 창출한다. 배우고 묻는 세계! 학문學問의 의미는, '글을 배우다' 라는 '학문學文' 과는 사뭇 다르다. 유교에서 학문學問은 생활에 필요한 테크네technē를 광범위하게 배우고 자세하게 묻는, 유기적이고 변증법적인 활동에 해당한다.

삶의 테크네는 실제 생활에 유용한 다양한 기술이다. 윤리 도덕적 양식도 포괄한다. 그러기에 정신적 · 물질적 차원을 아우르는 생활의 지혜, 그 예술적 경지를 지향한다.

이 글은 유교적 삶의 테크네를 고민해 본 것이다. 주지하다시피, 유교의 기본 경전은 사서四書다. 『대학』, 『논어』, 『맹자』, 『중용』. 사서에서는 어떤 배움을 고민했을까? 유교를 배움 이론으로 만들 수 있는가? 지난 30여 년간 틈틈이 읽어온 유교 경전. 그 속에서 언뜻언뜻 감지되는 학學의 문제는, 늘 나의 삶을 이행하는 데 망설임을 던져주었다. 도대체 무엇을 배운단 말이냐?

유교 경전 중 으뜸을 차지하는 『논어』의 경우, 첫 마디가 바로 "학이시습學而時習"의 '학學'이다. 무엇보다도 '배움'의 문제를 우선적으로 제기하고 있다. 그것은 유교가 배움으로 점철되는 학문임을 암시하는 상징symbol이자 기호sign인지도 모른다. 경전으로서 상당한 체계성을 갖춘 『대학』의 경우에도, "대학지도大學之道"라는 구절로 시작하면서, 배움의 길을 제시한다. 『맹자』에서는 배움의 길을 "구방심求放心"으로 요약했다. '마음'을 학문으로 끌어 들인 것이다. 거기에서 본격적으로 심학心學이 성립한다. 이처럼 단순한 듯 하면서도 복잡다단한 유교의 배움 이론, 21세기 학문의 틈바구니에서 어떻게 독해할 수 있단 말인가!

나는 2009년에서 2011년에 걸쳐, 고려대 「교육신문」 "학술"란에 총8회에 걸쳐 사서삼경四書三經의 의미와 우리의 전통 학문을 소개하였다. 이때 유교의 배움에 대해 간략하게 정돈할 기회가 있었다. 이 글은 그것에서 아이디어를 얻었다. 특히 사서四書에 나타난 학문學問을 되짚어 보고 싶었다. 그래서 기존에 발표했던 논문들을 다시 들추면서, 배움 이론을 숙고해 보았다. 학문과 삶에 관한 몇 편의 글이 보였다. 대부분 교육철학적 시각에서 고찰되었다. 배움 이론으로 전환하기 위해서는, 전면적 궤도 수정이 필요하였다. 가르침의 이론에서 배움의 이론으로. 그래서 다시 고치고 보완하였다.

제1부는 「대학 삼강령을 통해 본 교육의 원리」(2006), 제2부는 「유교의 자아실현과 삶의 맥락」(2010), 제3부는 「맹자의 마음 수양론과 교육적 인간상 고찰」(2000), 제4부는 「『중용』 수장의 교육학적 해석」(2008), 제5부는 「유교의 학습철학」(2009)을 바탕으로 했다. 제5부의 경우 제1부에서 제4부까지의 내용을 종합 정돈한 글이어서 앞의 내용과 중첩되는 부분이 많다. 그리고 내용을 가감하는 가운데 기존에 발표한 내용과 다른 글이 된 것도 있고, 기존의 발표 내용을 활용한 부분도 있다. 꾸며놓고 나니, 나름대로 새로운 텍스트가 되었다. 독자들은 제1부 『대학』부터 순서대로

읽어도 좋고, 2부, 3부, 4부, 5부의 구분에 관계없이 각각의 글을 단독으로 읽어도 무방하다. 왜냐하면 사서의 배움이론은 제각각의 특성이 있는 동시에 보편성을 지니고 있기 때문이다.

아무쪼록, 이 글이 전통교육, 특히 유교를 공부하는 사람에게 조금이나마 도움이 되면 좋겠다. 내용이나 표현상 오류가 있다면, 전적으로 나의 무지 때문이다. 많은 질정을 바란다.

학문을 통해 제대로 이루어 놓은 것도 없는데, 어느새 지천명知天命이 한두 해 앞으로 다가와 있다. 불혹의 끝자락에서 천명을 알기는커녕, 문자를 함부로 발설하기도 두렵다. 30대에 한참 글을 읽던 시절, 권우(卷宇; 洪贊裕, 1905-2005) 선생께서 당부하신 말씀이 새롭게 다가온다.

"박사학위 마치면서 학문이 완성된 줄 알고, 냄새도 소리도 없이 사라지는 사람이 많아! 학문은 종신토록 해야 해!"

일신우일신日新又日新의 마음으로, 나는 희망한다. 지속적인 학문의 절차탁마切磋琢磨를.

2011. 10
안암동 연구실에서
수당遂堂 신창호

차 례

제1부

대학 大學

자기 개혁

타자 혁신

일상을 선도하는 지도자의 배움

단상 1 배움의 길[道]

21세기 초반의 한국사회! 고등교육은 이미 대중교육의 단계에 들어섰다. 통계에 의하면, 2010년 현재 대한민국의 고등교육기관은 411개다. 이 중 4년제 대학이 200여 개다. 대학의 수도 많고 대학 입학 정원이 고교 졸업자보다 많을 정도여서, 고등학교 졸업생의 대부분이 대학을 다닐 수 있는 구조가 되었다. 고교 졸업생의 80% 이상이 대학에 진학할 수 있다니. 고교 졸업생의 8~9명이 대학생이 될 수 있고, 이른바 '글로벌 리더'를 양성하는 시대다!

이런 현상은 우리 사회에 고등교육을 받은 지성인(?)이 많아진다는 차원에서는 매우 희망적이다. 하지만 그들이 고등교육을 받은 만큼의 지도적 인격을 갖추지 못하고, 사회적 역할과 기능을 제대로 수행하지 못할 경우, 그것은 또 다른 차원의 절망이다. 아니 인재 양성의 재앙을 예고한다. 어쨌든, 대한민국의 고등교육, 대학은 세계에 유래가 없을 정도로 성장했다.

우리 사회에서 대학은 대부분 다음과 같은 교육목적이나 목표를 설정하고 있다.

"민주주의 가치를 기초로, 국가와 인류사회 발전에 필요한 학문의 심오한 이론과 그 광범위하고 정치精緻한 응용 방법을 교수 · 연구하고, 지도적 인격을 도야하기 위해 ……" 등등.

여기에 등장하는 민주주의, 심오한 이론, 지도적 인격 등, 여러 가지 교육 용어 자체는 고등교육의 본질에 비추어 볼 때, 아주 정당하다. 하지만 고등교육에 임하는 사람들에게, '당신은 왜 대학에서 배우고 있습니까?' 라고 물으면, 제대로 대답하지 못하는 경우가 많다. 어째서 그럴까? 나는 판단한다. 대부분의 사람이 대학교육에 대해 진정한 문제의식을 갖고 있지 않기 때문이라고.

우리는 왜 대학을 다닐까? 고등교육에 참여하는 이유는 무엇일까? 현대 민주주의 사회에서 그에 대한 대답은 다양할 수 있다. 그러나 현대에 비해 상대적으로 단순한 왕정 사회에서 그것은 어떻게 표출되었을까? 그리고 대학의 교육내용은 현대 사회에 어떤 차원의 시사점이 있을까? 유교 사상의 기본 체계를 형성하고 있는 『대학』에 그 실마리가 있다.

『대학』은 말 그대로 "대인大人의 배움"이다. 큰 사람, 어른, 사회 지도급 인사를 지향하는 배움의 길이다. 계급 질서가 뚜렷했던 왕정 사회, 통치자와 피통치자 사이의 질서 의식이나 사농공상士農工商의 계층 관계가 엄연했던 사회에서, 통치자나 지도급 인사인 사士 계급이 누렸던 학문이다. 사회지도층 인사로서 군자君子를 지향했던 유학자들은, 대학의 공부 과정을 통해 지도성leadership을 함양했다. 지도자로서 책무성은 그들이 지향하는 삶의 궁극 목적으로 자리매김 되었다. 그런 유학의 거장들은 이른바 '선비'로, 혹은 '어른'으로 존숭받았다.

현대적 의미로 해석한다면, 대학은 사회 지도층을 배출하기 위한 성인成人 교육이다. 어른들이 배우고 깨달아야 하는 교육으로, 옛날 국가 최고의 고등교육기관인 태학太學에서 예비 지도자들을 수련하던 체계적이고 포괄적인 내용을 담고 있다.

『대학』에서는 성인, 혹은 지도자 교육의 기본 원리를 세 가지로 제시한다. 그것이 유명한 삼강령三綱領이다. 명명덕明明德, 신민新民 – 친민親民이라고도 함, 지어지선止於至善. 쉽게 풀이하면 명명덕은 '마음을 밝히는 공부'다. 신민은 명명덕을 바탕으로 '다른 사람을 새롭게 하는 공부'다. 그리하여 지어지선에서 모든 사람이 삶 가운데 최고의 인간적 경지, 윤리를 실천할 것을 염원한다. 달리 말하면, 명명덕은 '자기 배움의 수양 원리'이고, 신민은 '타자에 대한 배려와 관심을 통해 서로 어우러지는 배움의 상황'이다. 그리고 지어지선은 '명명덕과 신민의 일상적 실천'을 의미한다.

이 세 가지 강령은 유교의 배움 길이 어떤 구조를 지니고 있는지, 상징적으로 보여준다. 그것은 유교의 두 축인 '교육'과 '정치'의 원리이기도 하다. 따라서 삼강령은 교육과 정치를 주축으로 인간 삶의 이상향을 지향할 때, 표준이나 기준 역할을 한다. 이때 명명덕 – 신민 – 지어지선은 서로 분리된 다른 차원의 개별적 강령이 아니라, 유기적 짜임의 체계이다. 그 내용의 핵심이 지도자로서의 개별적 수양과 타자와의 관계를 고려하는 세계의 다스림에 관한 것이다. 유학자들은 인간으로서 최고의 이상적 모델인 성인聖人을 꿈꾼다고 하여, 이를 '성학聖學'으로 묘사했다.

성학은 '성인이 되는 것을 배우는 학문'이다. 동시에 '성왕이 되는 것을 배우는 학문'이다. 현실적으로는 왕이 배우는, 또는 배워야 할 학문이라는 의미로 자주 쓰인다. 『대학』은 성스러운 인간으로 나아갈 수 있는 배움의 기본 양식이다. 그 속에는 왕王, 현대적 의미에서 최고지도자, 혹은 다양한 분야의 씨이오CEO 등 지도급 인사들이 배우고 실천해야 할 교육의 이념과 지향, 목적과 목표, 과정과 내용이 들어 있다.

그런 삼강령을 구체화하는 작업은 팔조목八條目에 의해 전개된다. 주지하다시피 팔조목은 '격물格物 – 치지致知 – 성의誠意 – 정심正心 – 수신修身 – 제가齊家 – 치국治國 – 평천하平天下'다. 삼강령은 인간 삶의 기본 원리이고 팔조목은 그 과정과 실천의 방식이다. 이 삼강령 – 팔조목의 핫라인은 유교적 질서를 유지하는 이론적 기반과 연관된다. 그것은 개인의 수양 공부인 수신에서 인류 사회 전체의 운용에 참여하는 평천하에 이르기까지의 실천 강령을 일목요연하게 제시하고 있다. 그러기에『대학』을 국가 및 세계 정치, 인간의 배움 길에 관한 학설을 종합적이고 체계적으로 서술한 한 편의 논설이라고 규정하기도 한다. 배움의 차원으로 환원해 볼 때, 삼강령은 배움의 기본 원리이고, 팔조목은 배움의 내용과 과정, 실천의 양식이다.

격물 – 치지 – 성의 – 정심 – 수신 – 제가 – 치국 – 평천하로 구축된 팔조목은 여덟 가지의 세부적인 배움의 기초 방법인 동시에 배움의 단계이자 과정이며, 실천 요령이다. 현대적 의미에서 다음과 같이 간략하게 풀이할 수 있다.

격물格物; 사물을 탐색하고 관찰하며 연구하는 작업

치지致至; 탐색하고 연구한 사물을 제대로 인식하는 일

성의誠意; 뜻을 참되고 정성스럽게 진술하게 품음

정심正心; 내면을 바르게 하여 사명감을 가짐

수신修身; 내면에서 외면에 이르기까지 사람다움의 질적 승화

제가齊家; 자신이 속한 가문을 반듯하게 운영함

치국治國; 제후국 규모의 나라를 관리하고 다스림

평천하平天下; 온 세상을 바로잡는 종합적 정치 행위

이 가운데 격물치지는 주 · 객관적 대상세계에 관한 지도자의 배움이다. 자연과 인간 세계에 대한 이해, 즉 자연과 인간, 사회 등 우주에 관한 법칙을 파악하는 단계이다. 그것은 성의 정심의 내면화를 통해 심오하게 안으로 파고든다. 따라서 성의 정심은 마음의 배움, 수양의 양식으로 자리한다. 그것이 외면으로 표출되는 계기가 수신修身이다. 인간의 몸을 기본으로, 지도적 삶은 제가 · 치국 · 평천하의 사회적 실천으로 나아간다. 이는 여덟 단계의 배움, 그 교육과 정치의 실천과정을 통해, 인간과 세계의 자기 성취를 모색하는 삶의 실현이다.

격물 – 치지 – 성의 – 정심에서 수신에 이르는 단계는 자신의 수양을 중심으로 하는 자기 배움의 특성을 지니고, 수신을 바탕으로 제가 – 치국 – 평천하는 다른 사람과의 관계망을 짜나가는 타자, 혹은 공동체 교육의 특성을 지니고 있다. 자기 배움에서 타자 교육으로 이어지는 동시에, 자기완성을 통해 모든 사람과 어울리는 사회 정치적 특징도 지닌다.

왜 배우는가? 배움의 궁극처는 어디에 있는가? 배움은 개인

의 인격도야는 물론 사회적 책임감을 체득하는 데 적극적으로 기여해야 한다. 『대학』은 그런 배움의 장치이자 이상을 추구하는 학문 시스템이다. 그 하이라이트는 혈구絜矩의 길로 드러난다. 혈구는 상하 전후 좌우에 존재하는 이웃들에 대한 이해와 배려이다. 사물의 상황을 자나 컴퍼스로 재어보듯이, 타인에 관한 헤아림이다. 그것은 개인의 배움과 교육, 공동체의 배움과 교육, 그 변증법적 과정을 체계적으로 이행한다. 개인적 수양을 바탕으로 사회적 완성을 꾀한다. 달리 말하면 인간의 개인적·사회적 책무성을 촉구하는 학문적 특성을 지니고 교육과 정치에 임한다. 유교에서는 이를 '정교政敎'라고 한다. 그 표준과 원칙을 제시한 텍스트가 다름 아닌 『대학』이다.

왕정시대의 학문 체계이긴 하지만, 한 사회의 지도급 인사로서 자질을 함양한다고 할 때, 『대학』의 사유는 현대 사회에서 색다르게 진보할 수 있다. 그것은 자기 배움과 타자 수양을 일상에서 지속하는 삼강령三綱領의 원리, 격물에서 평천하로 이어지는 팔조목八條目의 절차와 단계, 그 절차탁마切磋琢磨의 세계를 깨달을 때 가능하다.

현대의 고등교육에서 배움의 길은 무엇일까? 우리는 어떻게 고등교육의 방향을 설정할 수 있을까? 큰 배움의 진정한 모습, 그 이치를 전통 유교의 『대학』에서 고려할 수는 없을까?

1. 『대학』의 자리매김

중국을 비롯한 한국, 일본, 베트남 등 동아시아 사회에서 유교儒敎는 그 문화를 규정하는 하나의 기호다. 유럽과 미국 중심의 서구 학문이 도입되면서, 한국 사회에서 유교의 영향력이 상당히 감소된 것도 사실이다. 그렇더라도 유교는 한국민들의 무의식이나 행위 양식 속에 여전히 내재되어 있다. 그리고 소수의 학자들이 그 명맥을 이어간다. 유교 중에서도 성리학性理學은 조선의 지배적 사상으로 우리 전통의 근저를 형성하고 있다.

성리학은 '성명의리지학性命義理之學'을 줄인 말이다. 심성心性의 수양을 철저히 하면서 규범 법칙 및 자연 법칙으로서 의리를 깊이 연구하여 그 의미를 완전하게 실현하려는 학문이다.

그러기에 존심양성存心養性과 궁리窮理를 지극히 중시한다(윤사순, 1987: 9). 주지하고 있듯이, 그 학문 체계는 주희(朱熹, 1130~1200)가 집대성하였다. 조선은 그를 주자朱子로 신봉하며 숭앙의 대상으로 삼았다. 이런 점에서 조선은 주자 사상의 나라였다. 주자가 체계화한 학문 가운데 『대학大學』은 기본 강목綱目이었다. 조선의 왕들은 통치 철학의 기초로 『대학』을 원용하였다. 왕을 보필하던 수많은 학자 관료들도 그 이론적 바탕을 『대학』에서 구했다. 다시 말하면 『대학』은 지도자 철학으로서, 배움의 알파이자 오메가 역할을 담당했다.[1)]

동아시아 유교에서 학문은 크게 '소학小學'과 '대학大學'으로 범주화 할 수 있다. 현대 교육의 단계처럼, 초등－중등－고등 교육으로 명확히 분류되지는 않았다. 어찌 보면 아주 단순하다. 어린이 교육에서 어른 교육으로! 아동과 성인의 역할과 구분을 기준으로 학문을 나누었다. 그 구분은 학문의 체계와 구조를 엄격하게 만들었다. 엄격한 만큼 철저하게 연속성이 배어 있다.

유교의 기본은 '소학'이다. 소학은 어린이로서 인간의 기본 행위 예절과 기초 지식을 체득하는 작업이다. 그것은 이른바

1) 『大學章句』「讀大學法」: 大學, 是爲學綱目; 大學, 是通言學之初終. 이하 각주에서는 경전의 원문 인용만을 표기한다.

쇄소응대진퇴지절灑掃應對進退之節과 예악사어서수지문禮樂射御書數之文으로 규정되는 '절문節文'이라는 배움이다. 이후, '대학'에서는 소학의 배움을 보다 높은 차원에서 확인하고 철저히 실천하기 위한 사물의 원리 탐구에 초점을 맞추었다. 그것은 궁리정심수기치인지도窮理正心修己治人之道로 대변되는 '도道', 이치를 배우는 작업이다.

'소학'이 형이하학적 행위形而下學的 行爲의 측면을 강조했다면, '대학'은 형이상학적 원리形而上學的 原理를 다룬다. 다시 말하면, 대학의 배움은 이법理法의 연구, 몸과 마음의 정돈, 타자를 다스리고 배려하는 문제 등, 원리와 법칙, 이치를 다루는 '도道'의 배움으로 승화한다. 소학은 일상의 사소한 행위 문제를 다루기에 '사事'에 관해 배우는 반면, 대학은 이치를 탐구하기에 '리理'에 대해 배운다. 이는 당위적으로 소학의 '절문' 교육을 바탕으로 이루어져야 한다. 그 유기적 표현이 '하학이상달下學而上達'이다. 아래에서 위로, 계기와 각성을 통해, 점차적으로 실천해 가는 점진적 배움 과정이다. 이런 차원에서, 유교의 배움 단계를 도식하면 다음의 [그림 1-1]과 같다.

학자에 따라, 소학을 학문의 근본으로 강조하기도 한다. 실제로 소학에서 대학까지의 내용은 차원이나 정도의 차이가 있을 뿐, 유교적 삶을 구가하려는 지향의 차원에서 동일하다. 그

[소학小學]	→	[대학大學]
절문節文 절: 灑掃應對進退 문: 禮樂射御書數	→	도道 窮理正心 修己 治人
형이하학形而下學	→	형이상학形而上學
사事	→	리理
하학下學	→	상달上達

〔그림1-1〕 유교의 배움 단계

과정은 낮은 단계에서 높은 단계로 나아가는 유기적 맥락을 지니고 있다. 현대 교육으로 이해하면 아동교육에서 성인교육을 관통하는 연속적 교육 양식이다. 평생학습이나 평생교육으로서 배움의 일생!

주희는 『대학』을 "대인大人의 학문"[2]이라고 명명했다. 대인은 '어른'이다. 소인小人인 어린이에 대비하면, '대학'은 어른의 학문이다. 앞에서도 언급했듯이, 현대적 의미에서는 성인교육으로 이해할 수도 있다. 그러나 현대 성인교육의 차원, 즉 학교

2) 『大學章句』「經一章」註: 大學者, 大人之學也.

교육을 마친 후, 개인적·사회적 요구에 의해 진행되는 계속교육과는 성격을 달리한다. 대학은 보통교육 수준인 '소학'과 다르다. 근원적으로 '지도성'을 지닌 인간 양성을 지향한다. 최고 지도자의 학문적 이념이자 실천 양식을 담는다. 그러기에 대학은 '큰 사람', '어른', 혹은 '지도자'들의 배움이 어떠해야 하는지를 담보하고 있다.

요컨대, 통치자와 피통치자 사이의 질서 의식이나 사농공상士農工商의 계급·계층의 역할이 뚜렷했던 사회에서, 대인大人, 혹은 군자君子에 해당하는 통치자나 고위 관료급인 사士 계급이 누렸던 학문이다.

왕정王政 사회에서 최고의 인간, 이른 바 성인聖人 혹은 최고 지도자로 추앙받는 존재는 왕[군주]이다. 대학은 성인聖人의 배움 철학이라는 차원에서 성학聖學이고 최고지도자의 통치철학을 담고 있다는 차원에서 제왕학帝王學이다. 그 아래 단계의 군자君子에 해당하는 관료 지도자들이 실천해야 하는 학문으로 이해하면 지도자학指導者學으로 확대 해석된다. 그러기에 군자를 지향하던 유학자들은 유교적 지도성The leadership of Confucianism의 수련 과정을 삶의 궁극 목적으로 삼았다. 이러한 대학의 배움 체계를 현대적 의미로 해석한다면, 사회 지도층 인사들을 위한 배움, 리더십 담론에 해당한다.

『대학』에서는 지도자가 터득해야 할 배움의 기본 원리를 세 가지로 제시한다. 그것이 유명한 삼강령三綱領이다. 명명덕明明德, 신민新民, 지어지선止於至善. 이 세 가지 강령은 유교의 교육 원리이자 정치 원리이다. 유교가 추구하는 이상적 세계로 나아가는 이치이다. 인간의 삶을 예술적 경지로 끌어 올리려는 양식이다. 따라서 삼강령은 제각각의 개별 강령이라기보다 유기적 짜임을 그 속성으로 한다. 내용의 핵심은 지도자로서 수양과 사회적 책무성에 관한 것이다.

유학자들은 이런 대학의 배움을 '성학聖學'으로 묘사했다. 인간으로서 최고의 이상적 모델인 성인을 꿈꾸는 성학! 성학은 '성인'이면서 동시에 '성왕'이 되는 것을 배우는 학문이다. 현실적으로는 왕이 배우는, 또는 배워야 할 학문이라는 의미로 자주 쓰인다(장숙필, 1992: 1). 그러기에 『대학』은 성스러운 인간으로 나아갈 수 있는 배움의 기본 양식이 된다. 그 속에는 최고 지도자가 배우고 실천해야 할 학문의 이념과 지향, 목적과 목표, 과정과 내용이 들어 있다.

2. 지도자의 배움 원리

『대학』은 일종의 '리더십 담론'이라고 했다. 리더십! 지도성의 발현은 어디에 근원을 두는가? 서구의 리더십 이론은 다양하게 발전하였다. 권위주의적 유형에서 타자를 배려하고 이해는 섬김의 지도성The Servant Leadership에 이르기까지. 나는 교육대학원에서 교사들을 대상으로 '교육지도자론'을 강의한 적이 있다. 그때 다루었던 서구의 리더십 유형들 ― 권위주의, 행동주의, 상황적합성, 섬김의 리더십 등 ― 에 대해 다음과 같이 판단했다.

"내용의 대부분은 지도자의 관점을 중심으로 한 지도성에 관한 기능적 설명이다. 주로 지도자와 구성원 사이의 관계, 조직

운영의 효과성 등을 다룬다. 그 가운데 지도성 함양의 방법이나 기술로서 동기부여, 의사소통, 책무수행, 신뢰획득 등, 조직 발전의 유용성과 실용성의 문제에 집중한다. 이런 점에서 왜, 무엇 때문에 리더십이 필요한지, 인간의 삶 속으로 녹아드는 리더십의 문제가 소홀하게 다루어진 듯하다. 즉 리더십의 근본성에 대한 성찰이 미미하다."

이 지점에서, 서구의 리더십 유형과 다른 차원에서 『대학』이 제기하는 동양 전통의 리더십 담론을 눈여겨 볼 필요가 있다.

2-1. 자아성찰과 자기혁신

『대학』은 지도자의 배움, 그 첫 번째 원리로 "명명덕明明德"을 제시한다. 이는 "명덕明德을 밝힌다"는 말이다. "명덕을 밝힌다"는 말의 뜻을 이해하려면, '명덕明德'이 무엇인지 구체적으로 구명해야 한다. 명덕은 글자 그대로 본다면, '밝은 덕'이다. 밝은 것은 '빛'으로 상징된다. 앞이 훤하게 보이는, 일종의 미래지향적 가능성이다.

덕德의 옛날 글자는 덕悳이다. 덕悳은 직直과 심心으로 구성되어 있다. 때문에 덕은 '직심直心'이다. '곧은 마음', 혹은 '바른 마음'이다. 이는 사람의 본성에서 우러나온 자연스러운 내면으로 '진정眞情의 흐름'을 말한다(이상은, 1965: 328). 그러기에 명덕明德은 이미 밝은 덕이다. 진정한 마음으로, 빛을 발할 수 있는 가능성으로 존재한다.

역사적으로 유명한 중국의 학자들도 명덕에 관한 다양한 견해를 제시했다. 정현(鄭玄, 127~200)은 "지극한 덕至德"이라고 했다. 이는 몸으로 터득한 '최상의 덕', '최고선'의 의미를 부여한 것이다. 공영달(孔穎達, 574~648)은 "몸이 빛나고 밝음으로 인해 체득한 상황己之光明之德"이라고 풀이하였다. 보다 구체적이고 체계적인 해석은 주희에 의해 이루어졌다.

> 명덕은 사람이 하늘에서 얻은 것으로, 비어 있으면서 신령스럽고 어둡지 않다. 온갖 이치를 갖추고 있기에 모든 사물이 이에 응한다. 다만 그 사람이 타고난 기품氣稟에 따라 얽매이거나 욕망에 의해 가려지면, 그 상황에 따라 때로는 어두워지기도 한다. 그러나 그 본체의 밝음, 그 자체를 밝히는 작업을 그친 적이 없다.[3]

명덕明德에 대한 주희의 풀이는, 세 가지 차원에서 정돈할 수 있다. 첫째는 명덕의 존재 근거이다. 둘째는 명덕의 존재 양상이다. 셋째는 명덕의 지향성이다. 존재 근거 – 존재 양상 – 지향성, 그것은 두 가지 양태로 활동한다. 하나는 불선不善에로의

3) 『大學章句』「經一章」註: 明德者, 人之所得乎天而虛靈不昧, 以具衆理而應萬事者也. 但爲氣稟所拘, 人欲所蔽, 則有時而昏, 然其本體之明, 則有未嘗息者.

추락이고, 다른 하나는 최고선最高善을 소망한다.

사람은 이 두 경계 지점에서 심각한 일상을 경험하며 활동한다. 다시 말하면 두 가지 양태는 '어둠에로의 전락이나 추락', 그리고 '밝음의 회복'과 연관된다. 어둠은 악惡 혹은 불선不善으로, 혼란스런 타락의 상태이다. 밝음은 선善으로 정리 정돈된 미려한 세계다. 악의 경향성과 선의 경향성, 그 사이 세계는 덕의 현실적 상황으로 말미암아 나타나는 필연적 현상이다. 다양한 현실 상황에서 명덕은, 대부분의 경우, 본래 모습 그대로, 또렷하게 빛나는 존재로 지속되기 어렵다. 은폐되고 속박된 상태로 존재하기 쉽다. 이것이 인간 사회의 운명이다. 그러므로 유교는 명덕 본래의 모습을 회복하는 작업, 그리고 명덕을 지속하려는 노력을 학문의 원리로 삼는다. 단순하게 말한다면, 악의 구렁텅이를 선의 세계로 회복하여 지속하려는 노력이다!

먼저, 세 가지 차원에서 명덕을 정의해 보자. 주희의 설명에 따르면, 첫째, 명덕의 존재 근거는 '사람이 하늘에서 얻은 것'이다. 둘째, 명덕의 존재 양상은 "허령불매虛靈不昧"—비어 있으면서 신령스럽고 어둡지 않다는 표현에서 발견된다. 셋째, 명덕의 지향성은 "온갖 이치를 갖추고 모든 사물에 응하는 일"이다.

첫째, 명덕의 존재 근거, 즉 '사람이 하늘에서 얻은 것'이란 무엇을 말하는가? 중국사상사에서 하늘과 사람의 관계는 다양하게 논의된다. 그러나 주자학 계열에서 하늘과 사람의 관계는 복잡한 가운데서도 단순하게 정돈할 수 있다. 하늘은 천리天理, 혹은 리理로 정의된다. 이때 하늘天이나 천리天理, 리理, 그리고 태극太極과 같은 개념은 동일한 철학 범주의 다른 표현이다. 이들은 대체로 최고인 동시에 영원한 우주의 본체를 가리킨다. 기氣와 유기적으로 연관하여 만물을 소생한다. 인간 사회에서는 근본적인 윤리의 기준이나 원칙이 되기도 한다(馮 寓, 1993).

그것은 두 가지 측면의 의미를 지닌다. 하나는 사람의 본성을 가리킨다. 하늘의 명령에 의해 부여된 본성, 이른바 천명지성天命之性이다. 천명지성의 기원은 우주의 본체인 하늘, 혹은 천리天理이다. 하늘에서 인간으로, 어떤 매개나 사이 세계를 통하지 않고, 직접적으로 이어진다. 이때 하늘과 사람은 동일한 맥락에서 이해된다. 다른 하나는 인간의 물질에 대한 욕망을 가리킨다. 이른 바 '인욕人欲'이다. 천리와 인욕의 관계는, 천리와 본성의 차원에서 볼 때, 서로 상반된다. 동일한 양식이 아닐 뿐만 아니라, 상호 대립적이다. 천리를 보존하려면 반드시 인욕을 깨끗이 제거하거나 사물의 상황에 맞게 조절해야 한다. 이는 추후에 논의할 명덕의 활동성과 연관된다.

앞에서 인간의 마음이나 본성은 하늘과 사람이 동일한 맥락에서 논의된다고 했다. '사람이 하늘에서 얻은 것'인 명덕. 그것은 사람이 타고나면서 지니고 있는 본래적인 것, 본구적本具

的이다. 이는 마음과 몸을 통괄하는 의미인 심신心身이라는 말로 드러난다. 다시 강조하면 인간의 심신은, 하늘에서 얻은 것, 타고난 것이다. 이러한 심신은 단순하게 '몸'이나 '마음', '본성' 등과 같은 하나의 개념으로 단언하기 어렵다. 때문에 주희는 다음과 같은 담론을 덧붙인다.

> 하늘이 사람과 물건에게 부여하는 것을 명命이라 한다. 사람과 물건이 하늘로부터 받은 것을 성性이라 한다. 이때 한 몸의 주인이 된 것을 심心이라 한다. 하늘에서 얻어 빛나고 밝고 바르고 큰 것을 명덕明德이라 한다.[4)]

이렇게 본다면, '밝은 덕성明德'은 내면에 간직된 사람의 광명정대光明正大한 그 무엇이다. 그것을 하늘로부터 부여받았다고 표현했다. 실제로는 태어나면서부터 갖추고 있는, 본구적인 것이다. 칸트(I. Kant, 1724~1804) 철학으로 본다면, '이성理性'에 견줄 수도 있으리라. 사람이라면 누구나 자기의 본성으로 지니고 있는, 이 생生의 덕德! 그것은 본래부터 순수하고 깨끗하다. 생명력으로 충만하다. 생의生意 가득한, 빛의 보고이다. 그러기에 선천적으로 밝은 '명덕明德'이라 하였다.

---

4) 『大學集註大全』: 天之賦於人物者謂之命, 人與物受之者謂之性, 主於一身者謂之心, 有得於天而光明正大者謂之明德.

둘째, 명덕의 양상인 "허령불매虛靈不昧"는 어떤 의미일까? 개념 자체의 문자 풀이부터 벽에 부딪힌다. 난해하다. 도무지 형이하학적으로 맥락이 잘 잡히지 않는다. 허령불매! 텅 비고 신령스럽고 어둡지 않은 것! 유교에서는 그것이 바로 마음[5]이란다. '텅 비어 있음'은 일정한 내용이나 고정된 틀로 채워지지 않은 상황을 의미한다. 왕부지(王夫之, 1619~1692)는 이를 "본래 사사로운 욕심이 없다는 말이지, 허공과 같은 것으로 말해서는 안 된다"고 보았다(왕부지, 2005: 50).

'텅 비어 있다'라는 표현은, 흔히 마음의 속성을 설명할 때 쓰인다. 마음은 생물학적이고 물리적 의미에서는 심장을 지칭한다. 심心이란 글자도 심장을 본뜬 것이다. 그러나 마음은 단순하게 생물학적 혈액을 공급하는 기관을 넘어 서 있다. 인간 행위의 발단처로서 형용하기 힘든 그 무엇으로 분명히 존재한다. 그 형이상학적 존재를 허虛, '비어 있음'으로 표현했다. '신령스럽다'는 말도 활동이 불가사의할 때 쓴다. 어떤 장애에도 방해받지 않고 자유자재로 활동하는 것을 의미한다. 이 또한 마음의 운동을 표현하는 말로 애용된다.

요컨대 허령虛靈은 마음의 본체다.[6] 비어 있으면서 신령스럽다. 뒤이어 나오는 '어둡지 않다'는 말은 '밝다'는 뉘앙스를 더

5) 『大學集註大全』: 虛靈不昧便是心.
6) 『大學集註大全』: 虛靈, 自是心之本體.

욱 강조한 것이다. "비어 있으면서 신령스럽고 어둡지 않다"는 이면裏面에는 "채울 수 있고 구체화할 수 있으며 밝게 할 수 있다"는 역설이 숨어 있다. 그것은 오행五行에서 마음을 화火에 배치하는 데서도 감지할 수 있다. 불은 훨훨 타면서 솟아오르고 환하게 빛나며 어둡지 않은 특성을 지녔다(이가원, 1975: 87). 심장을 통해 몸의 각 기관으로 혈액이 순환하듯이. 이런 모습을 본받기 때문에, 사람은 본성적으로 밝고 어리석지 않다.

거기에서 심心이 성性과 정情을 통솔한다는 이론이 도출된다. 심의 주재 아래, 인의예지신仁義禮智信의 성性과 그 발현인 측은惻隱・수오羞惡・사양辭讓・시비是非의 정情이 밝은 지혜의 윤리가 되는 이유이기도 하다. 조선 유교의 거장인 율곡의 경우도 이런 견해에 충실하여 마음의 문제를 제시한다. 율곡은 심성정心性情의 관계뿐만 아니라 의意까지도 포괄적으로 논의하였다. "성性은 심心의 이치[理]이고 정情은 움직임[動]이다. 정이 움직인 후에 정으로 인하여 헤아리고 견줄 수 있는 것이 의意다" 이때 문제의 핵심은 심성정의心性情意가 서로 분리되어 작용하는 것이 아니라, "하나의 길이면서 나름대로의 경계가 있다"는 점이다. 이렇게 볼 때, 명덕은 '본래의 마음'으로 규정할 수 있다.[7] 그러므로 마음은 무엇에 구속되어 있지 않고 영묘한 능력을 지니고 있으며, 어둡거나 어리석지 않은 인간의 순수한

7) 『大學集註大全』: 明德, 只是本心.

바탕이다.

셋째, 명덕의 지향성, 이른 바 "온갖 이치를 갖추고 모든 사물에 응한다"는 말이다. '온갖 이치를 갖추고 있음'은 모든 사물이 제각기 특수한 이치를 지니고 있다는 의미다. 같은 동물이지만, 사람은 개나 소, 돼지와 다른 특성을 지닌다. 또 이들은 식물인 소나무나 참나무, 대나무와도 다른 특성을 지닌다. 사람 사이에도 성질이 급한 사람, 행동이 느린 사람, 속이 좁은 사람, 포용력이 넓은 사람 등 다양하다. 식물에도 침엽수와 활엽수, 상록수와 낙엽수 등 서로 다른 다양한 특성이 드러난다. 이런 특성은 다른 여러 사물과 접촉하며 반응하게 마련이다. 그것이 환경이나 생태계를 구성한다.

모든 사물은 각각의 이치를 갖추고 있다! 개개의 사물이 지니고 있는 본성[性]은 그 사물의 특수한 이치[理]다. 때문에, 주희는 그 유명한 "성즉리性卽理"라는 표현을 썼다. 이것은 성리학의 기본 테제가 된다. 사물이 지닌 본성[性]은 그것이 통째로 하나의 리理이다. 마음은 성性을 통괄하고 있으므로, 당연히 모든 이치[理]를 갖추고 있다. 그러기에 모든 사물이나 상황에 대해 반응하고 행동할 수 있는 근원이 된다. 사람의 내면세계, 즉 내부인 마음과 외부세계인 만사만물은 동일한 이치에 의해 관통되고 있다(이가원, 1975: 88).

명덕의 존재 근거 – 존재 양상 – 지향성은 두 가지 양태로 나눠진다. 그것은 명덕의 운동을 통해 표출된다. 최고선最高善을 지향하느냐 불선不善으로 떨어지느냐, 악의 혼란에서 선의 안정으로 발걸음을 옮길 수 있느냐 없느냐? 선이냐 악이냐, 혹은 밝음이냐 어두움이냐의 갈림길에서 삶은 긴장한다.

명덕의 불명不明. 그것은 하나의 양태로서 '어둠으로 전락' 하는 문제와 연관된다. 기품氣稟에 얽매이고 욕망에 가려질 때 무엇이 예견되는가? 사람은 태어난 후, 생리적이고 체질적인 요소인 기품이나 살아가는 동안의 습속, 물욕 등 후천적 영향을 받는다. 때문에 밝고 곧은 마음인 명덕이 흐려지기 쉽다. 명덕이 흐려진다는 것은 악惡이 발생할 수 있는 계기로 작용한다. 여기에서 흐려진 명덕을 다시 밝게 하여 본래의 모습을 회복하려는 당위성이 제기된다. 이것이 밝은 덕을 다시 밝히는 명명덕의 의미다(이상은, 1965: 329). 타락하기 직전의 경계선에서 희미하게나마 빛나고 있는 명덕의 실마리를 잡아 당겨, 본래의 밝고 빛나는 불씨를 살려나가는 상황과도 같다. 이는『맹자』에서 사단四端의 확충으로 표현된다. 사람의 마음이 온전하게 굳은 상태의 착함인 성선性善의 존재가 아니라, 하나의 착할 가능성으로서 유연한 씨앗이나 초목의 싹과 같은 실마리인 선단善端의 확대와 충족!

잘 알려져 있듯이, 사단설四端說은 "측은지심惻隱之心이 인仁의 단서[端]이고 수오지심羞惡之心이 의義의 단서이며, 사양지심辭讓之心이 예禮의 단서이고, 시비지심是非之心이 지智의 단서"[8]라는 데서 출발한다. 인의예지라는 성은 하나의 블랙박스 내부에 들어 있는 물건과 같다. 그러기에 눈으로 직접 볼 수 없다. 하지만 그 끄트머리가 박스에서 외부를 향해 삐죽이 나와 있기에, 그것을 실마리로 잡아당겨 나가면 형이상적이고 초감각적인 성의 존재도 명확하게 인식할 수가 있다.

이것도 최초에는 빛나는 상태였다. 나중에 점차로 그 빛남을 상실하였다. 그러다 최후까지 간 사람들의 깨달음. 그것은 사람들의 자기 노력에 의해 그 타락을 극복하고 다시 빛나는 모습인 최초로 복귀할 수 있다(이가원, 1975: 90)는 신념이었다.

다시 강조하면, 맹자는 "인간의 성품은 선한 씨앗, 싹을 지니고 있다."고 명백히 밝혔다. 그 싹이 바로 선단善端으로 언급했던 사단四端; 惻隱, 羞惡, 辭讓, 是非之心이다. 맹자에게서 배움은 이 사단의 확충이 핵심이다. 여기에서 말하는 사단으로서 선한 씨앗, 싹과 같은 착한 마음이 바로 명덕이다. 이 밝은 덕성은 사람이라면 누구나 다 지니고 있다. 인간의 욕망에 의해 가리어져 있을 뿐이다. 그러기에 유교가 지향하는 배움의 목표는 욕

8) 『孟子』「公孫丑」上: 惻隱之心, 仁之端也, 羞惡之心, 義之端也, 辭讓之心, 禮之端也, 是非之心, 智之端也.

망에 가리어진 깨끗한 본래의 마음, 명덕을 회복하는 작업이다. 그래서 『대학』은 지도자가 배워야 할 학문의 일차적 목표로 '명명덕'을 선언했다.

'선한 마음을 똑바로 인식하고 수양해 나가라!'

요약하면, 명덕은 '밝은 마음, 곧은 마음, 순수하고 자연스런 마음'으로 귀결된다. 따라서 명명덕은 그런 마음을 밝히고 드러내는 작업이다. 『대학』이 말하는 배움의 첫 번째 원리는 '마음의 밝힘'이다. 여기에서 지도적 인격을 구비해야 하는 인간이 배움의 단계에서 무엇을 우선해야 하는지 알 수 있다. 그것은 '자기 파악'과 '자아 성찰'이다.

그런데 '곧은 마음'은 어떻게 밝힐 수 있는가? 인간에게는 두 가지의 큰 정신 능력이 있다. 하나는 '인식 능력'이요 다른 하나는 '직관 능력'이다. 밝은 마음인 명덕은 직관 능력에 해당한다. 이 직관 능력이 밖으로 작용하여 외부의 사물 속으로 뚫고 들어가서 물자체物自體에 도달하게 된다(김경탁, 1981: 184-185). 마음은 직관 능력의 다른 이름이다. 그러기에 세상의 온갖 이치를 갖추고 모든 일에 상응하고 대응한다. 사람은 이와 같은 생의 진리를 자기 본성 속에 지니고 있다. 이 진리는 사람의 인습적 · 타성적 생활 가운데, 무자각 속에서 그 빛을 잃어버리기 쉽다. 명명덕은 그것을 자각하여 그 빛을 드러내는 작업이다. 이 자각의 전제 조건이, 삼강령에 이어 그 실천 조목으로 등장하는 팔조목八條目 중에서 '격물格物 · 치지致知 · 성의誠意 · 정심正心'의 실천을 쌓는 일이다. 이는 진리를 찾아 일상에서 실천하는 작업이며, 지知와 행行, 지식知識과 도덕道德의 유기적 통일을 희구한다. 이는 자아실현과도 통한다(이상은, 1965: 329).

이러한 명덕이 펼쳐져서 밝게 되는 과정에 두 가지 유의할 점이 있다. 하나는 명명덕의 주체 문제이다. 명명덕은 모두 '스스로 밝히는 일'이다. 외부의 힘에 의해서 표출되는 것이 아니다.[9] 온전하게 자기의 능동적 행위에 의한 자발적 공부이다. 유교가 강조하는 수기修己, 수양修養, 혹은 배움이 이에 해당한다. 수신修身은, 나 스스로, 자율적으로 실천하는 고도의 수련 과정이다. 다른 하나는 타고나면서 하늘이 부여해준 명덕을 돌아보는 작업이다. 돌아본다는 것은 나의 관심과 눈을 항상 그 마음에 두라는 말이다.[10] 이는 날마다 반성하고 성찰하며 언제나 꾸준히 노력하는 자세, 힘쓰는 생활 태도다. 밝은 마음을 보존하고 가꾸는 '꾸준함', '지속성'이야말로 인간 행위의 근원인 마음의 수호천사요, 생명의 담지자다.

---

9) 『大學章句』「傳一章」: 皆自明也.

10) 『大學章句』「傳一章」 註: 天之明命, 卽天之所以與我而我之所以爲德者也. 常目在之, 則無時不明矣.

그렇기 때문에 명명덕明明德은 두 가지 방면의 공부를 요청한다. 첫 번째는 '스스로 자기의 덕을 밝히는 일'이고, 두 번째는 '세상 모든 사람의 덕을 밝히는 작업'이다. 첫 번째 것은 수기의 문제로 개인의 수양 공부이며, 두 번째 것은 타자에게 각각 자기 자신의 본성을 회복하게 하는 타자 배려이자 타인의 자기 수양이다. 그리하여 사람이 각자의 본성을 회복하면, 각자의 성품과 직분의 고유한 것을 알뿐만 아니라 직분과 역할의 당연한 것에 힘써서 그 직분과 역할을 다할 수 있게 된다(양희룡, 1997: 37-39).

인간의 문제는 사실 자기 실존과 타자와의 관계 문제가 중심이다. 참다운 인간 존재는 고립된 실존 속에 있는 것이 아니라 관계 형성을 통해서 드러난다(강선보, 1996: 107). 대학의 명명덕은 이러한 자아와 타자의 마음이라는 두 차원을 동시에 고려한다. 그것은 개인의 착하고 순수한 마음과 타인의 그러한 마음을 회복하려는 노력이다. 타인에게 관심을 갖는다는 사실은 다음에 설명할 신민의 문제와 직결된다.

이렇게 이해한다면, 명명덕은 자기의 마음을 스스로 밝히는 성찰이자 깨달음이다. 동시에 자신을 새롭게 거듭나게 하는 배움이다. 그것은 적극적인 자기 혁신을 통해 마음의 총체를 착하게 드러내는 배움의 근본이다.

2 - 2. 타자 배려를 향한 용기

지도자의 배움 원리, 그 두 번째는 "신민新民"이다. 이는 '백성을 새롭게 한다'는 의미다. 최고지도자인 왕의 처지에서는 자신이 다스려야할 백성을, 자신이 원하는 정치 질서의 일원으로서 교화敎化하려는 의도가 강하다. 지도자의 관점에서는 구성원을 조직에 기여하는 새로운 인간으로 형성하려는 시도로 볼 수도 있다. 민주적 시각에서 재해석하면, 나의 지도적 인격이 타자에게 어떤 양식으로 발현되고 이행해야 하는지에 대한 관심이기도 하다.

"신민新民"은 원래 "친민親民"이었다. 그러나 주희에 의해 적극적으로 수정된 개념이다. 주희는『대학장구』첫머리 주석에서 정자의 견해를 빌어, 신민을 지지한다. 옛날『대학』의 원래 기록인『대학고본大學古本』의 친민親民부분에서 '친親'자를 '새롭게 한다'는 뜻인 '신新'자로 고쳐, '신민新民'이 옳다고 보았다. 이럴 경우, 의미가 상당히 다르게 된다. 친민은 백성과의 친밀성을 통한 국가 운영의 일반적 특징을 강조한다. 하지만, 신민은 백성을 새롭게 하는 계몽과 혁신을 통해, 지배 질서를 공고히 하려는 이데올로기적 속성이 강해진다.

그 대척對蹠 지점이 주자학과 양명학이다. 이는 주희와 왕수인(王守仁, 1472~1528)의 학문적 특징을 대변한다. 왕수인은 주희가 친민親民을 신민新民으로 고친 것을 오류라고 지적했다. 왕수인은 『대학고본』에 명시된 그대로 '친민親民'이 정확하다고 보았다. 그는 특히 맹자의 설을 적극적으로 받아들여 친민을 주장한다. 『대학문大學問』과 『친민당기親民堂記』의 견해는 그것을 잘 드러내 준다.

명명덕은 천지만물과 한 몸을 이루는 본체를 세우는 작업이다. 친민은 천지만물과 한 몸을 이루는 작용을 달성하는 일이다. 마음을 밝히려면 반드시 백성에게 친밀하게 다가가 사랑해야 한다. 백성을 친애하는 것이 바로 그 마음을 밝히는 까닭이기 때문이다. 나의 부모를 친애하여 남의 부모 및 세상 모든 사람의 부모에 미친 후에 내 마음의 어짐과 나의 부모 · 남의 부모 · 세상 모든 사람의 부모는 서로 한 몸을 이루게 된다. 실제로 그들과 한 몸을 이룬 후에 효도하는 착한 마음이 비로소 밝아진다. 그리고 나의 형제자매 · 남의 형제자매 · 세상 모든 사람의 형제자매도 한 몸을 이루게 된다. 실제로 그들과 한 몸을 이룬 후에 비로소 공경하는 착한 마음이 밝아진다. 임금과 신하, 친구 관계, 심지어 산천, 귀신, 금수, 초목 등도 실제로 그것을 사랑하면, 내 한 몸의 어짐을 이룰 수 있다(『대학문』).

정치라는 것은 다름 아닌 백성을 사랑하는 일이다. 백성을 사랑하는 일은 무엇인가? 명덕을 밝히는 일이다. 명덕을 밝힌다는 것은 무엇인가? 백성을 사랑하는 일이다. 명명덕과 친민은 동일한 일인가? 한 가지 일이다(『친민당기』).

이렇게 볼 때, 주희의 신민과 왕수인의 친민, 그 차이를 다음과 같이 해석할 수 있다.

신민은 백성을 교육시키는 '교화의식敎化意識'이다. 친민은 백성과 한 몸이 되는 '동화의식同化意識'이다. 주희의 경우, 격물치지를 통해 대상화 과정을 거친 사물의 객관적 이치를 명석하게 궁구할 필요를 느꼈다. 그리고 그것을 바탕으로 판명되는 이치를 지킬 필요가 있었다. 왜냐하면 그에 따른 합리적 방법으로 최고선에 이를 수 있다고 보았기 때문이다. 주희는 그런 과정을 백성들에게 인식시켜 좋은 나라 건설을 꿈꿨다. 왕수인은 나와 사물을 대상화할 수 없다는 생각을 한 것 같다. 일원의 의식으로 모든 존재의 통일을 고려했다. 그러기에 주희는 명명덕과 신민의 관계에서 명명덕을 근본으로 하고 신민을 말단으로 했다. 주관과 객관, 내외內外로 구별하여 상대하는 형식을 취한다. 반면 왕수인은 명명덕과 친민을 동일한 양식으로 드러낸다(조원식, 1994).

나는 『대학』이라는 텍스트 전체의 구조에서 볼 때, 주희의 견해가 정당하다고 판단한다. 그렇다고 왕수인의 견해가 잘못되었다는 것은 아니다. 왕수인의 사유는 세상을 통일적이고 평등하게 바라보려는 시각에서, 오히려 현대적이고 민주적 질서에 부합할 수 있다.

다시, 정자가 친민親民을 신민新民으로 고친 이유로 돌아가자.

신新은 '옛날의 잘못된 점을 고친다'는 의미다. 스스로 그 밝은 마음을 밝힌 후, 마땅히 그것을 미루어 남에게 미쳐, 그 또한 옛날에 물든 더러움을 제거함이 있다는 말이다.[11] 주희는 신민으로 개정하는 정당성을 문헌학적으로 확보한다. 그는 뒷부분에 등장하는 "구일신 일일신苟日新 日日新"을 증거로 들어, 친민을 신민으로 보는 것이 옳다고 주장한다(南懷瑾, 1998: 55). 여기에서 주희는 '신新' – 새롭다. 새롭게 하다 – 을 언급할 때, '혁신'과 '개혁'의 의미를 부각시킨다.

"옛날의 오류를 고쳐라!"

이는 정치적으로 볼 때, 어리석은 백성, 과오로 가득 찬 백성을 교화한다는 차원의 이데올로기가 녹아 있다.

신민新民에서 민民은 맹氓과 같은 글자다. 그러기에 '우愚'와 같은 '어리석다'라는 뜻이 들어 있다. 혹은 '어리다'라는 의미의 '유幼'로 이해된다. 유교에서 '민民'은 통치의 대상이다. 동시에 나라의 근본이다. 중첩적 대상이기에 백성을 구명하기가 쉽지 않다. 어쩌면 주희와 왕수인의 학문적 차이도 이런 문제를 해결하는 과정에서, 관점의 차이에 기인하는 것일 수 있다.

---

11) 『大學章句』: 新者, 革其舊之謂也, 言旣自明其明德, 又當推以及人, 使之亦有以去其舊染之汚也.

맹자의 경우, 백성을 다음과 같이 자리매김한다. "백성이 가장 귀중하다. 사직은 그 다음이다. 백성과 사직에 비하면 군주는 가벼운 것이다." 나라의 근본인 백성! 그러므로 유교를 민본주의民本主義라고도 한다. 이는 분명 민주주의民主主義는 아니다. 왕정의 범주에서 백성은 '어리석은' 존재다. 통치자 계급은 현인賢人이고 피통치자인 백성은 우인愚人이다. 지혜로운 존재와 어리석은 존재로 철저하게 구분되기에, 백성은 단지 깨우침의 대상이 된다. 따라서 먼저 깨달은 성인·군자[통치자 - 지도자]가 그들을 온전한 인간으로 성장하게 만들고 깨우칠 수 있도록 하는 제도적 장치가 교화로 대변되는 정치·교육적 행위이다.

유교에서 교육과 정치는 오늘날 서구 근대의 분과 학문으로서 '교육학'과 '정치학'처럼 분리해서 논의하기는 어렵다. 그것은 유교가 우주본체론宇宙本體論 - 인간론人間論 - 수양론修養論 - 예악론禮樂論 - 정치론政治論 등, 다양한 측면을 유기적으로 담고 있기 때문이다. 유교는 다차원의 영역 중에서도 교육과 정치를 핵심으로 하는 유기체학有機體學이다. 특히 수기치인修己治人의 학으로서, '교육'이 그 기본을 이루고 그것의 완성으로서 '정치'를 상정한다. 엄밀하게 고려하면, 교육과 정치는 끊임없는 연장과 보완으로서 동어반복적 성격을 띤다.

『대학』에서 신민의 구조도 이와 동일하다. 친민을 신민으로, 글자까지 고쳐가면서 자기 의지와 철학을 엿보인 이유는 무엇일까? 배움의 차원에 볼 때, 그것은 가소성可塑性을 전제로 한 인간의 변화가능성을 제기한 것이다. 옛날에 물든 더러움, 과오를 고치는 과감한 혁신을 통해. 다시 말하면, 나로부터 타인에로, 옛날로부터 지금에로의 점진적 진보를 기준으로 새로움을 추구한다. 이렇게 볼 때, 신민에는 지도자로서 모든 구성원들의 과오를 고쳐가려는 개혁적 사고가 내포되어 있다.

그런데 어떻게 고쳐나가는가? 주희의 사유와 실천은 간단하지 않다. 어떤 측면에서는 아주 난해하다. 피상적으로 이해하면, '백성을 새롭게 한다'는 신민은 단순한 구도다. 통치자나 지도자가 피통치자나 조직의 구성원들을 교화하거나 의식화하는 수준이다. 이런 이해가 오해를 불러일으킨다.

유교의 가르침은 누가 누구를 일방적으로 함부로 다스리는 그런 사유 장치가 아니다. 타인이 나를, 혹은 내가 타인을 한 방향으로 교화하는 수직적 차원을 설정하지 않는다. 그 전제 조건은 늘 '자신이 새롭게 되어야 하는 것,' 자기 수양과 반성이 우선 된다. 다시 말하면, 수기修己, 자기 수양이라는 철저한 내면의 성찰을 거친 후, 그것을 바탕으로 남을 새롭게 하는 치인治人을 할 수 있다. 이 내면적 성찰, 자기 수양이 바로 첫 번째 원리였던 명명덕이다. 마음을 밝히는 작업인 명명덕은 외부에서 그 무엇을 더해주고 부가시키는 데 적극적이기보다는 자신의 마음을 밝힘으로써 자신을 새롭게 하고, 타인도 새롭게 해 나가야 한다는 의미다. 그러기에 주희는 신민을 해석하면서 "새로움의 끊임없는 활동"을 강조한다.

> 진정, 하루에 그 옛날에 물든 더러움을 씻어 스스로 새로워짐이 있으면, 이미 새로워진 것을 바탕으로 나날이 새롭게 하라. 또 나날이 새롭게 하여, 조금이라도 새롭게 하는 활동이 끊어져서는 안 된다.[12)]

전설적인 제왕, 탕 임금은 일상의 새로움을 갈망하였다. 매일 사용하는 물건인 자신의 목욕통 가장 자리에 "구일신 일일신 우일신苟日新 日日新 又日新"을 새겨놓고 스스로 경계했다고 한다. 무엇이 일상의 새로움인 일신日新에 그토록 목매도록 했을까? "일신우일신日新又日新"으로 알려져 있는 이 구절의 의미는 끊임없는 '자기 혁명'을 제기한다.

주희는 새로움의 활동성을 더욱 고무한다. "북치고 춤추게 하면 자연스레 새롭게 되는 백성을 더욱 새롭게 진작시킬 수 있다!"[13)]

---

12) 『大學章句』「傳二章」註: 誠能一日, 有以滌其舊染之污而自新, 則當因其已新者, 而日日新之, 又日新之, 不可略有間斷也.

13) 『大學章句』「傳二章」註: 鼓之舞之, 振起其自新之民也.

신新 – 새로움 혹은 새롭게 함 – 의 문제는 개인의 차원에서 국가 공동체의 구성원을 새롭게 탄생시키려는 노력으로 승화한다. 신新을 국가 사회의 변혁, 혹은 혁명의 문제로 인식한 것이다. 그것은 "주나라는 아주 오래된 나라 / 그 명命이 오직 새롭구나"[14]라는 표현으로 드러난다. 이는 주나라 문왕이 새로운 문화를 일으키고 덕을 새롭게 가다듬어 백성들에게 두루 미친 상황을 노래한 시이다. 당시 주나라에서의 혁명적 상황을 짐작케 한다. 폭정에 시달리는 백성. 그들을 위해 문왕은 유신維新을 단행했다. 이 상황을 새롭게 바꿔야 한다는 사명감으로 개혁을 선언하며 변혁을 꾀했다. 그것은 다름 아닌 혁명이었다. 물론, 새로움의 전환, 혁명 이전에, 오직 새로움을 담당할 주체는 그만한 자질을 갖추고 있어야 했다. 그것이 자기 수양이요 지도적 인격으로서의 배움이다.

『대학장구』의 주석에 의하면, 주희가 인식한 '신민'의 대강을 다음과 같이 정리할 수 있다.

먼저 신新이 뜻하는 의미를 구명하면, 그것은 두 가지로 구분된다. 하나는 스스로 새롭게 하는 자기 혁신[自新]이고, 다른 하나는 남을 새롭게 하는 타자 혁신[新民]이다. 이 두 가지는 분리

14) 『大學章句』 「傳二章」 : 周雖舊邦, 其命維新.

되지 않는다. 유기적이다. 자기 혁신은 반드시 타자 혁신으로 나아간다(김병호, 1996: 47). 이는 자기 수양 문제인 수기修己와 그것을 바탕으로 타자를 다스리는 치인治人의 문제와 통한다. 그러므로 신민의 실천은 팔조목에서 제가齊家 · 치국治國 · 평천하平天下의 구체적 내용이 되고, 정치 · 경제 · 사회생활의 안정을 얻게 하는 여러 조건의 핵심이 된다. 이는 '수기 – 치인'의 '내 – 외면적' 새로움과 '과거 – 현재'의 진보적 개혁을 동시에 담보하고 있다.

스스로 새롭게 함은 타인을 새롭게 하는 계기이다. 그리고 과거를 바탕으로 한 현재의 진보는 전통의 생명의식을 보여 준다. 이것은 유기적 과정이다. 여기에서 신민의 무게중심은 스스로 새로움을 추구하는 자기 혁신, 자기 수양에 있다.[15] 자기 수양을 통해 남을 새롭게 한다는 일은 지극히 자연스러운 논리이다. 그것이 왕의 교화敎化 차원에서 논의되건, 백성을 배려하는 차원이건, 분명한 사실은, 타자에 대한 적극적 관심과 이해라는 점이다. 존재에 용기를 불어넣고 격려하는 삶의 소통이다.

포괄적으로 정돈하면, 『대학』에서 배움은 궁극적으로 사람을 새롭게 하는 데 있다. 앞에서 언급한 것처럼, 사람은 타고난

15) 『大學章句』「經一章」註: 明德爲本, 新民爲末.

기품 관계와 환경적 요인에 의해, 일상에서 잘못을 저지르고 죄악을 범하여, 자기의 착한 본성인 명덕을 잃기 쉽다. 배움은 이런 상황에 처해 있는 사람들에게 자기의 경험을 반성하고 과거의 잘못을 깨달아 앞으로 바른 길을 찾도록 하는 일이다. 그것은 처음부터 잘못되고 낡은 삶을 타파하고 새로운 길을 개척하는 과업을 의미한다(이상은, 1965: 333-334). 다시 말하면 배움은 잃어버린 자아, 그 진리의 세계를 찾고, 끊임없이 사람을 새롭게 하는 작업이다.

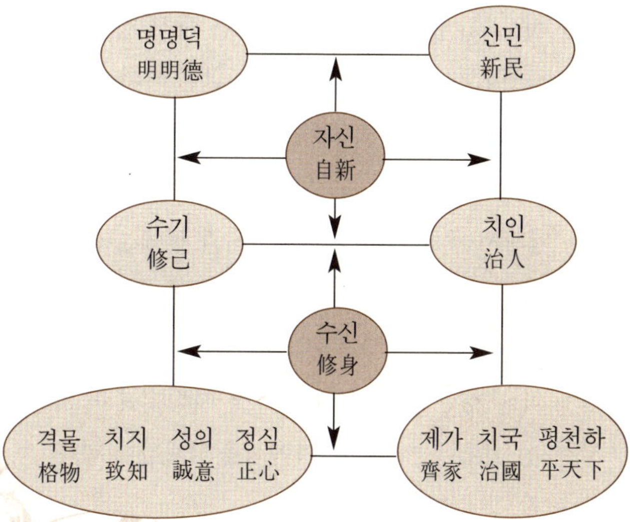

〔그림1-2〕 대학의 배움 구조

2 - 3. 배움의 최고선, 일상의 충실

지도자의 배움 원리, 그 세 번째는 "지어지선止於至善"이다. 이는 문장 그대로 보면 '지극히 착한 곳, 최고선에 그친다'로 해석된다. 지止는 '그친다 · 머문다'는 뜻이다. 인간의 다리를 본뜬 글자로 두발로 걷다가 멈추는 모습이다. 그렇다고 아무런 목표나 목적도 없이 완전히 정지하거나 끝마친 것은 아니다. 그것은 철저하게 최종 목적을 달성한 후에 가능한 언표다.

주희는 이렇게 표현한다. "반드시 여기에 이르러 옮기지 않는다!"[16] '반드시 여기에 이른다'는 말은 아직 얻지 못한 것을 얻으려는 작업이다. '옮기지 않는다'는 말은 이미 얻은 것을 잃지 않는 일이다(왕부지, 2005: 56). '이곳에 이르러 머물면서 그 뜻을 바꾸지 않는다'는 의미로, '도달'과 '유지 · 지속'이 겸비되어 있다. 따라서 목표와 이상에 도달하기 전에는 그것을 달성할 수 있도록 힘쓰며, 목표가 달성된 후에는 다시 추락하지 않도록 유지 · 지속해야 한다(岑溢成, 2000: 64). 이런 점에서 지止 - 그친다 - 의 속성은 중층적이다. 그침 이전에는 목표를 향한 가능성, 그친 이후에는 목적의 지속성을 담보해야 한다.

그렇다면 그치는 지점은 어디인가? 어디에 이르러 옮기지 않

16) 『大學章句』「經一章」 註: 止者, 必至於是而不遷之意.

아야 하는가? 그것은 진정 아름다운 곳, 살기 좋은 곳, 지선至善의 경지다. 최고선最高善의 상황과도 통한다.

주희는 지선을 "사리의 당연한 기준이나 표준"이라고 했다.[17] 사리의 당연한 기준이나 표준은 사물의 이치나 당위 규범을 말한다. 사물이나 인간이 처할 수 있는 적절한 곳, 중용中庸의 거처다. 그 핵심은 앞에서 다루었던, 명명덕明明德과 신민新民을 최고선의 경지로 끌어 올려, 멈추고 옮기지 않는 일이다.[18] 정현의 경우, 명명덕과 친민이 "저절로 혹은 스스로 처하는 곳[自處]"으로 풀이했다.

이렇게 볼 때, 명명덕과 신민의 실천은 지선의 기초 바탕이다. 그러기에 지선은 천리 자연의 법칙과 기준을 온전히 하는 것이 목적이다. 아무리 사소할지라도 개인적 욕망을 없애는 일이 선행되어야 한다. 이는 명명덕을 지속하는 동시에 신민을 실천하여 자기 변혁과 타자 혁신에 최선을 다하는 상황이다.

이러한 모습으로 일상이 영위되는 공동체를 유교에서는 대동大同 사회라고 명명한다. 대동 사회는 일종의 유토피아를 꿈꾼다. 그것은 인간 현실에서는 불가능할 수 있다. 그러기에 그 대안으로 소강小康 사회를 제시한다.

---

17) 『大學章句』「經一章」註: 至善, 則事理當然之極也.

18) 『大學章句』「經一章」註: 明明德, 新民, 皆當止於至善之地而不遷.

대동과 소강 사회는 『예기禮記』에서 다음과 같이 묘사되고 있다.

사람이 사람답게 사는 세상, 그 큰 도가 행해질 때, 사람들은 세상을 공적公的으로 생각한다. 최고 지도자들은 사사로이 그 자손에게 권력을 넘겨주는 일이 없고 어질고 유능한 인물을 선택하여 서로 전하게 된다. 서민들은 정성을 다하고 서로 신뢰함을 가르치며 가정과 사회의 화목을 실천하였다. 그러므로 사람들은 자기의 어버이만을 친애하지 않았으며, 자기의 자식만을 사랑하지는 않았다. 늙은이들에게는 그 일생을 편안히 마칠 수 있게 하고, 장년들에게는 일을 할 수 있게 하며, 어린이에게는 어른들이나 사회에 의지하여 성장할 곳이 있게 하고, 과부나 홀아비 고아나 병자와 같은 사회적 약자는 모두 보살핌을 받을 수 있게 하며, 남자는 사농공상士農工商의 직분이 있고, 여자는 시집가서 의지할 남편의 집이 있게 된다. 재화의 경우, 헛되이 땅에 버려지는 것을 미워하지만, 반드시 자기만이 취하여 사사로이 감추어 두지는 않았다. 권력의 경우, 사람의 몸에서 나오는 것은 분명하지만, 그 힘씀이 반드시 자기 자신의 개인적 이익만을 위해 쓰지는 않았다. 때문에 간사한 꾀나 절도, 반란이 일어나지 않는다. 그러므로 바깥의 대문을 닫는 일이 없다. 이러한 세상을, 공공의 도리를 천하가 모두 같이 하는 대동 사회라고 한다(『禮記』「禮運」"大同").

지금은 세상에 공적으로 통하는 공공의 도리가 없어졌다. 최고지도자에서 서민에 이르기까지 세상을 사사로운 것으로 생각하여, 제 각기 자기의 어버이만을 친애하며 자기의 자식만을 사랑한다. 재화와 권력은 자기만을 위해 쓰인다. 최고지도자나 지배 계층은 그 계급을 재생산하여 세습하는 것을 당연시 하며, 자기만의 성곽을 견고하게 만들어 스스로 지킨다. 이런 사회 상황을 고려하여, 예의를 기강으로 내세운다. 그리고 그것으로 최고지도자나 지배층의 분수를 바로 잡고, 부모자식 사이를 돈독하게 하며, 형제자매 사이를 화목하게 하고, 부부 사이를 화합하게 한다. 국가 사회 제도를 제대로 구축하여 토지제도와 행정 구역을 합리적으로 구획하고, 용기 있고 지혜 있는 어진 사람들을 등용한다. 문제는 그러한 공적을 자기의 사적인 일에 이용할 때 발생한다. 모략과 전쟁. …… 이에 좋은 사회 국가의 모습이 어떤 것인지 의리를 밝히고, 신뢰 있는 사회를 건설하며, 허물이 있으면 드러내 밝히면서 고쳐나가고, 사람을 포용하는 것을 사회 법칙으로 하며, 겸양의 도리를 가르쳐 서민들에게 살만한 사회에 떳떳한 법칙이 있음을 보여 주었다. 이 떳떳한 법칙을 따르지 않는 자가 있으면, 권세를 누리는 지위에 있는 자일지라도 내 쫓아서, 서민들이 그를 서민에게 재해를 입히는 지도자라고 인식하게 한다. 이런 세상을 사람이 살기에 어느 정도 편안한 소강 사회라고 한다(『禮記』「禮運」"小康").

어떤 측면에서 보면, 대동 사회는 원시 공산주의와 유사하게 느껴진다. 소강 사회는 신뢰와 협동, 포용과 의리로 담보되는 제도적 장치가 마련된 복지 사회라는 느낌이 들기도 한다. 어쨌든『대학』의 지어지선은 아름다운 공동체, 최고선에 의해 운영되는 사회를 꿈꾼다.

그런 형상을 묘사할 때, 『대학』에서는 『시경詩經』의 노래를 많이 인용한다. 그것은 시의 본질과도 연관된다. 시는 사악함이 없는 것과 즐거워도 음탕한 데 흐르지 않고 슬퍼도 마음 상하지 않는, '조화와 조절'에 본질적 특성이 있다(康曉城, 1988). 이는 마땅한 당위 규범을 지속적으로 드러낼 때 가능하다. 이른바 중용中庸 사상의 핵심인 중화中和 – 적절함과 조절의 극치 – 를 생명으로 삼아야 한다는 말과도 통한다. 중화에서 중中은 인간의 감정이 펼쳐지지 않은 내면의 상태이다. 화和는 감정이 펼쳐져서 현실에 절도 있게 적절히 쓰이는 외면적 발출 상황이다. 이 중화가 최고선의 경지이다. 『주역』에서는 이러한 머무름을, "때에 맞게 머무를 적에 머무르고, 때에 따라 갈 적에 가는", 즉 있을 자리에 머물러 있고, 갈 자리에 가는, 때를 잃지 않은 것으로 표현한다.[19)]

『대학』은 최고선의 경지를 다음과 같은 노래를 인용하여 제시한다.

나라의 경계가 천리
백성들이 머물러 사는 곳

꾸우~꾹 우는 노란 새

19) 『周易』「艮卦」: 艮, 止也, 時止則止, 時行則行, 動靜不失其時.

저 언덕배기에 머물렀네

깊고 높으신 문왕이시여
아! 계속 밝히고 깨달으며 머무르셨네
임금 되어선 포용함에 머무르시고
신하 되어선 공경함에 머무르시고
자식 되어선 효도함에 머무르시고
부모 되어선 자애함에 머무르시고
사람과 사귐에 신뢰함에 머무르셨네[20)]

『시경』「상송商頌」과 「소아小雅」, 「대아大雅」에 나오는 위의 시들은, 서민들이 살 곳, 새의 서식처, 문왕의 윤리도덕 실천 사례를 통해, 인간이 어디에 머물러야 마땅한지를 증명하였다.

백성은 어디에 머물러야 제 자리를 찾는가? 왕과 백성은 나라의 구성원으로 일체감을 형성할 때, 좋은 나라를 구성할 수 있다. 왕도를 중심으로 하는 사방 천리의 땅, 그곳은 백성들이 안락하게 살 수 있는 지역이다. 서민들은 자기가 속한 나라에서 소속감을 가지고, 외부의 침입으로부터 보호받을 수 있어야, 열심히 일하며 살 수 있다. 그때 국가는 서민들 각자가 자

20) 『大學章句』「傳三章」: 邦畿千里, 惟民所止. …… 緡蠻黃鳥, 止于丘隅. …… 穆穆文王, 於緝熙敬止, 爲人君, 止於仁, 爲人臣, 止於敬, 爲人子, 止於孝, 爲人父, 止於慈, 與國人交, 止於信.

신의 자리에서 본분에 충실할 수 있는 보금자리가 되고, 모든 백성들이 가족을 위해 봉사하는 최적의 행복처로 자리매김 된다. 이것이 왕정시대 서민들의 이상이었으리라.

새를 비유한 노래도 마찬가지다. 새는 숲이 울창한 언덕이나 높이 솟은 산언덕의 구석진 곳에 보금자리를 튼다. 이는 새의 속성과 관련된다. 새도 자신의 안전과 먹을거리가 풍부한 곳, 자기가 머물 자리를 제대로 알고 있는데, 인간의 경우, 새만도 못해서야 되겠는가![21]

마지막으로 고대 중국의 성왕인 문왕을 예로 들며, 진정한 지도자가 머무를 경지의 극치를 보여준다. 최고지도자의 최고선이자 본분! 그것은 다섯 가지 ―인仁·경敬·효孝·자慈·신信―다. 이는 최고지도자의 덕목 중 큰 것만을 간추린 것으로, 지선至善의 상징이다.[22] 어찌 보면, 최고 지도자에게만 주어진 윤리도덕 규범을 넘어, 모든 사람에게 당연히 부과되는 '당위규범'이다(陳滿銘, 1982: 40). 다시 말하면, 사람의 사람다움을 지향하는, 그 가운데 인간 각자가 자기 자리와 위치, 역할과 기능을 통해 명실상부한 명명덕을 밝히는 작업과 동일하다. 이는 사람마다 지니고 있는 명분名分과 본분本分의 이행, 그 정명正名과 연관된다.

---

21) 『大學章句』「傳三章」: 子曰, 於止知其所止, 可以人而不如鳥乎.

22) 『大學章句』「傳三章」註: 言聖人之止, 無非至善, 五者乃其目之大者也.

그렇다면 이런 지선의 경지에는 어떻게 도달할 수 있는가? 지도자의 배움이 어떠해야 가능한가? 그 과정과 방법, 효과와 덕행은 절차탁마切磋琢磨와 슬한혁훤瑟僩赫喧으로 표현된다. 절차탁마는 배움에서의 노력 자체를 형용한다. 슬한혁훤은 노력으로 드러나는 덕행을 상징한다. 즉 스스로 행실을 닦음과 마음이 두려워하는 것, 겉으로 드러나는 모습을 포괄적으로 표현한 것이다. "절차탁마 슬한혁훤"이라는 용어도 어렵지만 내용도 쉽지 않다.

절차탁마! 이 노력의 과정은 의외로 복잡하다. 단순과묵하게 노력한다고 달성되는 성질의 것이 아니다. 배움의 절차를 알아야 한다. 배움의 내용도 알아야 한다. 배움의 방법도 알아야 하고, 그 쓰임도 알아야 한다. 이 배움의 다양성을 어떻게 인지할 것인가? 슬한혁훤도 마찬가지다.

> 자르는 듯하고 깎는 듯하며
> 쪼는 듯하고 가는 듯하다
> 인품은 장엄하고 위엄스럽게
> 용모는 의연하고 훤하게 빛난다[23)]

23)『大學章句』「傳三章」: 如切如磋, 如琢如磨. 瑟兮僩兮, 赫兮喧兮.

이는 학문과 공부, 배움의 전 과정을 함축적으로 보여주는 짧은 시다. 『시경』「위풍」"기욱"편에서 위나라 무공武公을 찬미한 시. 무공은 학식이 풍부하고 예의를 잘 지킨 군자 중의 군자였다고 한다. 그는 나이 90세가 넘도록 절차탁마하여 학덕을 끊임없이 높인 지도자였다. 90 평생을 배움에 몰입한 인간에게서 어떤 풍모를 느낄 수 있는가!

절切은 자르는 작업이다. 절단의 과정에서 가장 적절한 도구는 칼과 톱이다. 차磋는 가는 작업이다. 쓸거나 닦아서 연마하는 가는 작업의 도구는 줄과 대패가 유용하다. 탁琢은 쪼고 다듬는 작업이다. 쪼고 다듬어서 형상을 만드는 과정에서는 몽치나 끌이 좋은 작업 도구가 된다. 마磨는 갈고 닦아서 부드럽게 윤을 내는 작업이다. 이때 모래와 자갈이 유용하다.

"절차탁마"의 의미를 분명히 하기 위해, 다시 정돈해 본다.[24)]

절차탁마는 절단하고 연마하며 쪼고 다듬으며 갈고 닦아서 윤을 내는 일련의 배움이자 공부다. 예컨대, 뼈와 뿔을 가지고 기물을 만든다고 하자. 동물의 뼈나 뿔은 매우 단단하다. 이것으로 도구를 만들기 위해 가장 먼저 할 일은 기물의 특징에 맞게 자르는 작업이다. 바늘을 만든다면 아주 작게 잘라야 할 것

---

24) 『大學章句』「傳三章」註: 切以刀鉅, 琢以椎鑿, 皆裁物使成形質也. 磋以鑢鐋, 磨以沙石, 皆治物使其滑澤也. 治骨角者, 旣切而復磋之, 治玉石者, 旣琢而復磨之, 皆言其治之有緖而益致其精也. 瑟, 嚴密之貌, 僩, 武毅之貌, 赫喧, 宣著盛大之貌.

이고, 송곳을 만든다면 보다 크게 잘라야 하리라. 다시 말하면, 뼈와 뿔로 기물을 만드는 사람은 그것을 용도에 맞게 잘라 놓고, 이것을 다시 갈아야 한다. 그래야 매끄러운 바늘이나 송곳이 만들어 질 것이다. 뼈와 뿔을 자르는 도구로 적절한 것은 칼과 톱이다. 절단하여 연마하는 과정에서는 줄과 대패가 잘 쓰인다. 그것이 "절차"다. 오늘날 목재를 다루는 목공의 경우에도 톱으로 나무를 자른 후, 대패로 다듬질 한다.

또 옥玉과 돌을 이용하여 기물을 만든다고 하자. 원석原石 상태의 옥돌은 매우 거칠다. 그것은 몽치나 끌로 자르고 쪼아서 원하는 형체를 만들어야 한다. 석공이 어떤 조형물을 만든다고 생각해 보라. 거대한 돌을 먼저 적절한 크기로 쪼아내야 한다. 그리고 빤질빤질하게 윤이 나도록 매끈하게 갈아내야 한다. 이 때 모래나 자갈을 이용하여 윤이 나도록 문지른다. 이것이 "탁마"이다.

'절차'와 '탁마'의 과정을 자세히 보라. 다루는 재료가 다르다. 그 방법도 다르다. '절차'는 골각骨角을 다루는 사람이 칼과 톱을 이용하여 자른 후에, 줄과 대패를 이용하여 매끈하게 가는 작업이다. '탁마'는 옥석玉石을 다루는 사람이 몽치와 끌을 이용하여 쪼아낸 후에, 모래와 자갈을 이용하여 반들 반들하게 만드는 일이다.

배움의 기술적 과정을 절차탁마에 비유해 보라. 골각骨角이나 옥석玉石을 다루듯이, 배움에는 그 대상과 내용이 있다. 일상의 예의, 지도적 인격, 과학적 지식, 의사소통을 위한 언어의 습득 등 다양한 영역이 그것이다.

배움에서 일차적인 것은 배움의 대상이나 내용 선정이다. 특히, 『대학』에서 강조하는 지도자급에 속하는 사람들이 무엇을 배워야 하는지 모른다면, 절차탁마의 비유는 의미를 상실한다. '단순히 노력해야 한다'는 박제된 고사성어로만 남을 것이다.

뿐만 아니라, 그것을 다루는 도구, 칼이나 톱, 몽치나 끌에 비유할 때, 배움은 그에 맞게 준비해야 한다. 그것은 자기 노력일 수도 있고, 배움을 위한 다양한 콘텐츠나 소프트웨어 도구들, 혹은 교사나 멘토일 수도 있다. 나아가 갈고 닦는 과정으로서 점진적 양식도 고려해야 한다. 줄이나 대패, 모래나 자갈과 같은, 갈고 닦음의 도구와 열정, 실천성도 담보해야 한다. 끊임없이 업그레이드해 갈 수 있는 지속적 노력과 학문적 정밀성, 그 정치성精緻性을 향한 열망과 실천 행위도 요청된다.

쉽게 설명하면, '절탁'은 물건을 매만져 형체를 만드는 작업이다. '차마'는 물건을 쪼는 데 몽치와 끌로 하고, 가는 데 모래와 자갈로 하여 물건을 윤택하게 하여 완성품을 지향하는 일이다. 배움의 과정도 마찬가지다. '절탁'과 초기 작업이 있고, '차마'와 같은 정밀성의 단계가 있다. 이 과정은 매우 유기적이고 점진적이며 질서정연한 순서를 거친다.

"절차탁마"의 결과, 덕성과 용모로 표출된 모습이 "슬한혁훤"이다. 기물의 형체를 만들고 그것을 다시 윤택하게 하는 일. 그것이 인간의 몸으로 전이 되어, 내면으로 파고들면서 엄밀하고 꿋꿋하게 되고, 외부로 드러나면서 빛나고 성대한 모습이 되었다. 이것은 배운 사람, 온전한 지도적 인격을 갖춘 사람의 내면과 외면에 비유할 수 있다.

슬瑟은 엄숙하고 정밀한 모습이다. 한僩은 굳고 의연한 모습이다. 혁赫과 훤喧은 밝게 빛나고 용모가 성대한 모습이다.[25] 다시 말하면, 슬瑟은 조심하면서도 공경하는 모양이고, 한僩은 웅장하고 위엄 있는 모양이다. 혁赫은 불빛이 활활 타오르는 모양이고, 훤喧은 그 불빛이 크게 비치는 모양이다. 이는 아름다운 덕행과 옥석의 조용하고 우아함을 형용한 말로, 그것이 불빛처럼 환하게 밝아지는 것을 상징한다(이민수 · 장기근, 1979: 92-93).

"절차탁마"와 "슬한혁훤"에서 보듯이, 지선에 이르는 배움의 길은 복잡하면서도 단순하다. 지선에 머무르는 최고선의 상황은 끊임없는 노력을 바탕으로 도달된다. 지선의 경지는 모든

25) 『大學章句』「傳三章」註: 瑟, 嚴密之貌, 僩, 武毅之貌, 赫喧, 宣著盛大之貌.

사물의 궁극 목적이다. 인간의 경우, 사람다움을 누릴 수 있는 최적처다. 그 궁극처를 향한 과정은, 다음과 같은 논리적 단계를 거친다.

대전제: 모든 사물에는 지어지선의 세계인 목적이 존재한다. 인간의 경우, 배움을 통해 지어지선의 세계를 지향한다. 그것은 인간 삶의 의지, 생의生意가 개입되어 있다.

1단계: 골각이나 옥석처럼, 모든 사물은 기본적으로 존재한다. 인간의 경우, 생의를 통해 배울 사물을 선택해야 한다. 이는 개인적으로 삶의 진로와 연관되고 사회적으로 문화와 풍토를 조성한다.

2단계: 칼이나 톱, 몽치와 끌처럼, 그 사물을 다룰, 상응하는 도구가 존재한다. 인간의 경우, 배움을 추동할 수 있는 보조재, 학문의 수단과 방법을 찾아야 한다. 이것은 생의를 확장할 때, 긍정적 기능을 하지만, 때로는 난점으로 작용하기도 한다.

3단계: 줄이나 대패, 모래나 자갈처럼, 목적을 향한 성숙과 성장의 도구가 존재한다. 인간의 경우, 배움의 정치함과 질적 성숙을 준비하는 자기 노력에 충실해야 한다. 이는 자기 혁신의 과정이자 타자를 향한 준비이다.

4단계: 슬한혁훤의 모습처럼, 모든 사물은 지어지선의 목적을 달성한다. 인간의 경우, 내외면을 아우르는 최고의 인격을 갖춘 모습이다. 이제 자신의 자리매김에 따라 본분을 수행하면 된다.

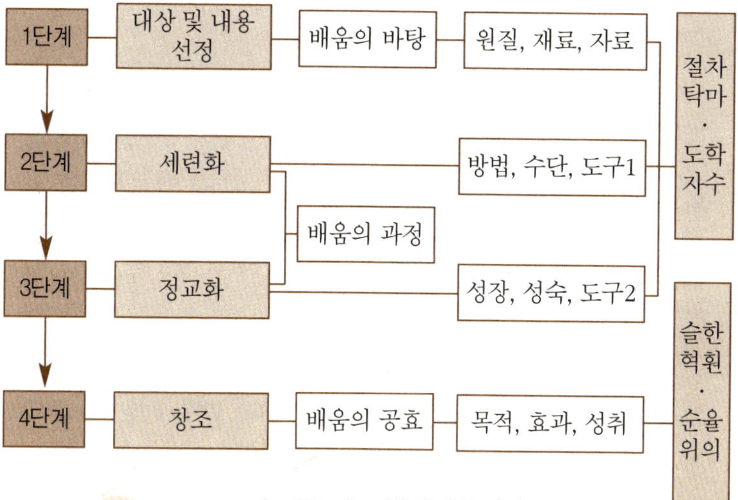

〔그림1-3〕 대학의 배움 과정

세상의 모든 사물에는 마땅한 것이 있다. 그것 자체가 인간의 관점에서 투영한 것이지만, 인간은 그 사물에 맞는 어떤 것을 전제로 그것을 제대로 쓰는 동시에, 더욱 빛나는 사물을 만들기 위해 적절한 방법으로 노력한다. 배움은 그런 것을 이행하는 삶의 행위다. 그러기에 배움은 그 기본 틀을 인지하고 체득하면서 끊임없이 세련되게 하는 작업을 진행해야 한다. 아울러 더욱 적용하고 응용하여 새로운 것을 창조하는 정교화 작업도 수반해야 한다. 이것이 배움의 질을 결정한다.

이런 배움의 과정은 도학道學과 자수自修로 실천된다. 지도자로서 갖춘 내면적 덕과 밖으로 나타난 용모는 순율恂慄과 위의威儀로 드러난다. 도학은 위에서 말한 절차切磋고 자수는 탁마琢磨다. 순율은 슬한瑟僩이고 위의는 혁훤赫喧에 해당한다.[26)]

도학道學은 언학言學 행위로 '배움을 말하는 작업'이다. 일종의 '배움 담론'이요, 학문에 힘쓰는 일이다. 자수自修는 수양 행위로 '스스로 닦는 작업'이다. 일종의 '수양 담론'이요 성찰을 통해 스스로 덕을 쌓는 일이다. 배움과 성찰의 과정, 그것이 절차탁마에 비유되었다. "절차!" 자르고 깎는 듯한 행위는 강습

---

26)『大學章句』「傳三章」: 如切如磋者, 道學也, 如琢如磨者, 自修也, 瑟兮僩兮者, 恂慄也, 赫兮喧兮者, 威儀也.

하고 토론하여 자신의 지식을 넓히고 연구하는 것을 가리킨다. "탁마!" 쪼고 가는 듯한 행위는 자신을 깊이 성찰하여 착함으로 나아가려는 내적 노력에 비유된다.

순율恂慄은 위엄이 넘치면서도 두렵다는 말이다. 삶의 과정에서, 수많은 사안이 발생한다. 의식이 있는 인간이라면 그것에서 자유로울 수 없다. 그러기에 인간은 내면으로 두려움을 머금는다. 벌벌 떨고 두려워하면서도 외면적으로 그만큼의 위엄을 갖춘다. 위의威儀는 높고 위엄이 있으면서 모범적 용모를 지니고 있는 모습이다. 삶의 과정에서 성숙한 만큼 의연하게 대처하고, 당당하고 떳떳한 사표師表, 혹은 롤 모델을 연상하면 좋겠다. 이는 슬한혁훤을 다시 설명해 준다. "슬한!" 엄밀하고 굳센 모습은 내면의 심연에서 두려워 떨면서 스스로를 깊이 경계하는 정신이다. "혁훤!" 빛나고도 점잖은 모습은 외모에 나타나는 태도나 풍채가 위엄 있고 예절에 맞아 당당한 모습을 말한다(이가원, 1975: 147-149).

도학道學은 배움의 기본 과정이자 틀이다. 자수自修는 그것을 스스로 체득하고 자기화하는 작업이다. 순율恂慄은 그런 노력을 통해 삼가고 두려워하며 몸을 움츠리면서도 엄격한 용모를 갖추는 일이다. 위의威儀는 존경하지 않고는 못 배길 정도의 법도에 맞는 행위자로 거듭난, 인격자의 모습이리라. 이런 "절차탁마 슬한혁원"은 『대학』의 배움 원리 중에서도 구체성을 띤다. 그것은 "지어지선"이라는 최고선을 지향하는 근본 이유를 가르쳐준다. 나아가 실천 방안을 마련해 주고 성취의 모습도 보여준다.

요컨대, 지식과 실천이 축적되고 터득되어 몸에 가득 배어있는 참 인간의 형상으로 살아나는 것이다. 이렇게 본다면 지어지선은 어떤 고정된 형태로 있는 형이하의 대상적 사물이 아니라, 일상에서 적절한 삶의 지속 상황이다. 중요한 것은 절차탁마의 과정과 슬한혁훤의 달성을 통해, 그것을 일상 속에서 지속 가능한 삶의 생명력, 생의生意로 확장하는 일이다. 그 완결된 몸과 정신을 지닌 인간이 유교의 궁극적 인간상인 성인 · 군자이고, 지도자의 전형이다.

3. 배움 원리의 유기적 맥락

『대학』의 삼강령은, 재명명덕在明明德, 재신민在新民, 재지어지선在止於至善에서 보듯이, '재在' 자가 앞에 놓여 있다. 이는 어떤 형식으로건 삼강령의 의미를 제한한다. '재在'의 의미를, 문자 자체의 뜻에 따라 존재론으로만 보면, '있다!'가 된다. '재在!' 이것은 세 가지 강령을 하나하나의 독립적 강령처럼 보이게 한다.

그러나 유교의 가치론으로 보면, 그것은 배움의 이유와 내용, 방법과 질서를 일목요연하게 정돈한다. 수미일관되는 배움의 조리를 담고 있다. 그러므로 여기에서의 '재在'는 그냥 막연히 '있다'의 의미가 아니다. 각 강령의 분명한 목적과 상하전후의 문맥을 연결하면서, 그 강령에 "달려 있다"는 표현이 적절하다(왕부지, 2005: 62). 즉 지도자의 배움의 길은 "명덕明德 – 신민新民 – 지어지선止於至善"에 "달려 있다"는 서술이 맥락상 보다 구체적이다. 그러기에 '재在'자 때문에 세 원리를 독립적인 강령으로 보아서는 곤란하다. 세 강령의 유기적 맥락과 구조 속에서 인식해야 한다. 삼강령의 관계는 먼저 명덕을 밝히고, 다음으로 그 명덕을 써서 백성을 교화시킨 후, 마지막으로 군신君臣과 부자父子를 비롯한 모든 사람을 최고의 경지에 처하게 하는, 유기적 속성을 지닌다(南懷瑾, 1998: 49; 朱貽庭, 1994: 170).

그런데 또 오해의 소지가 있다. 삼강령은, 말 그대로 세 가지 강령이다. 문제는 그것을 세 가지로 범주화할 경우, 발생하는 난점이다. 유교는 "명명덕 – 신민 – 지어지선"의 관계에서, '마음을 밝히는 작업'인 명명덕과 '새롭게 하는 일'인 신민 이외에, 별도로 '최고선에 머무르는 경지'인 지어지선을 설정하지 않는다. 명명덕과 신민은 '명덕'과 '민'이라는 대상을 향해 구체적 조치를 취한다. 이런 점에서 '명명덕 – 신민'은 그 내용의 성격상 동일한 범주로 묶을 수 있다.

그러나 지어지선은 '명덕'이나 '민'과 같은 대상을 설정하지 않았다. 그것보다는 왕과 백성 사이의 정교政教 관계, 즉 인간의 삶에서 최선이 무엇인지를 고민하는 데 무게중심을 두었다. 그것은 임금은 임금답고 백성은 백성다운, 모든 인간이 자신의 자리에서 제 역할을 하는, 본분의 실천 문제였다. 그런 점에서 지어지선은 명명덕과 신민의 범주와 약간 다르다.

지어지선은 명명덕의 완성과 신민의 완성을 동시에 아우른다. 마음을 밝혀 자신의 착함을 최고로 이끌어 내어 지선에 머무르게 하는 것이 명명덕이고, 이를 백성들에게까지 확충하여 그들을 새롭게 교화시킨 후, 최고의 공효를 이루어 지선에 머무르게 한 것이 신민이다.

『대학』의 다음 구절은 지어지선이 명명덕과 신민을 통섭하고 있음을 보여준다.

> "아! 선왕들을 잊지 못하네!"라는 시구가 있다. 후대의 현명한 임금은 선왕들의 어진 덕을 어질게 여겼고 친애한 것을 친애했다. 백성들도 선왕이 편안하게 해주어 즐겁게 살았고, 이롭게 해주어 윤택함을 누리며 살았다. 때문에 선왕이 돌아간 후에도 그 은덕을 잊지 않았다.[27]

여기에서 선왕과 백성의 관계를 눈여겨 볼 필요가 있다. 선왕은 문왕과 무왕이다. 문왕과 무왕은 유교의 도통道統에서 태평성대를 구가한 최고의 임금으로 상징된다. 이들은 왕으로서 명명덕을 이룬 성인聖人 같은 존재이다. 그러므로 후대의 임금은 문왕과 무왕에 비해 격이 떨어진다. 성인이라기보다는 현명한 수준에 머문 군자君子로 표현된다. 명명덕을 이룬 문왕과 무왕

---

27) 『大學章句』「傳三章」: 詩云, 於戲 前王不忘. 君子, 賢其賢而親其親, 小人, 樂其樂而利其利. 此以沒世不忘也

이 다스리던 시기의 백성들도 물질적으로 안락을 누리고 정신적으로 문화생활을 누린 것으로 표현된다. 이는 명명덕의 지어지선을 바탕으로, 신민의 지어지선이 실현되었음을 암시한다.[28)]

그러기에 최고선에 머무름은 명덕을 밝히는 작업과 백성을 교화시키는 일을 하나로 통일한다. 지어지선은 명명덕이라는 명덕의 지어지선과 신민이라는 민의 지어지선을 포괄한다. 따라서 이 세 가지 강령은, 두 가지 강령을 기초로 다시 통합한 하나의 원리이다. 동시에 다른 차원의 작용을 통해, 지도자가 실천해야 할 배움의 이념이자 지침이다(岑溢成, 2000: 67).

명명덕은 스스로 마음을 밝히는 작업으로 자아실현이자 자기혁신이다. 그리고 신민은 백성들에게 끊임없이 자아를 새롭게 하는 것, 타자혁신으로 이해할 수 있다. 스스로 밝힌 명덕은 신민의 근본이 되고 신민은 명명덕의 확충된 모습이다. 새로움은 자기혁신의 결과이자 타인의 혁신에 기여한다.

요컨대 지도자가 자신의 명덕을 밝히는 것을 기초로 백성들을 갱신更新하고, 백성 스스로 명덕을 밝히게 하는 것이 백성을 새롭게 하는 신민이다.

명명덕에서 신민에 이르기까지, 배움의 단절은 없다. 마음에

---

28) 『大學章句』「傳三章」註: 前王所以新民者, 止於至善, 能使天下後世, 無一物不得其所.

갖추어진 천리天理가 보편적이고 구체적인 인간의 윤리와 모든 사물의 이치에 합당할 때, 최고선의 경지에 머물 수 있다. 이는 도덕 생명이 전면적으로 발현된 것이다. 지도자가 실천해야 할 배움의 완성!(岑溢成, 2000: 67). 따라서 "명명덕 – 신민"은, 그 둘의 연속적 실천을 통해, 지어지선의 경지로 향하는 지도자의 배움 원리다.

다시 정리하면, 명명덕은 사람들이 구유한 착한 마음을 드러내어 펼치는 작업이다. 타인을 다스리려면 먼저 자신을 다스려야 한다. 천하를 평정하려면 반드시 자신이 먼저 미덕을 갖추어야 한다. 그러기에 명명덕은 타자에게 다가서기 위한 근원적 조건이다. 자기 배움이요 자기 수양이다.

신민은 지도자가 실천해야 하는 배움에서의 근본 임무다. 이는 지도자의 근본 목적인 조직 구성원의 통치를 위해, 타인에게 날마다 새롭게 의식을 가다듬게 하는 일이다. 잘못된 옛것을 버리고 올바른 새것을 펴면서, 끊임없이 높은 도덕과 품성을 함양하도록 고무한다.

지어지선은 지도자가 배움의 일상에서 실천해야 하는 근본 목표다.

명명덕과 신민은 모두 지극히 착한 경지에 도달하려는 노력이다. 자기개혁과 타자혁신을 통해 세상을 안정되게 다스리는 일이다. 지어지선은 또 다른 하나의 독립된 강령이기도 하지만, 명명덕의 지어지선, 신민의 지어지선으로 녹아 들어가, 지도자들이 자기 배움 가운데 지향하고 실천해야 할 근본 목적으로 자리한다(신창호, 2004).

요컨대, 명명덕은 지도자의 자기 수양을 위한 근본 원칙이고, 신민은 근본 임무이며, 지어지선은 근본 목표다(來可泓, 1998). 삼강령은 이런 원칙과 임무, 목표가 하나의 유기체를 이루고 있다.

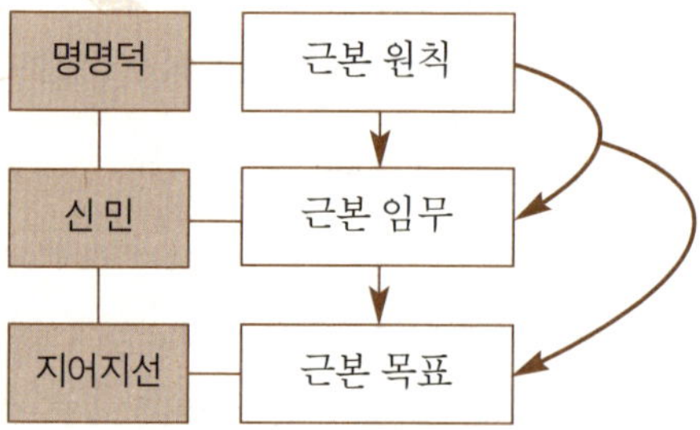

〔그림1-4〕 삼강령의 관계

지도적 인격자는 무엇을 배워야 하는가? 그 배움의 원리는 어디에 있는가? 종합적으로 정돈해 본다(이민수 · 장기근, 1979).

첫 번째 원리: 자기에게 있는 밝은 덕, 마음을 밝히는 일이다. 덕은 사람이 하늘에서 받은 이치로 본래는 사사로운 욕심이 없고 착한, 텅 비고 밝았던 것이다. 그런데 사람은 태어날 때 기질을 받게 되고, 그것은 사물에 구속되는 근본 원인이 된다. 사람

은 태어난 뒤에 욕망에 가려져 때로는 밝은 마음이 어두워진다. 그렇다고 타고난 본래의 밝은 덕, 착한 마음이 완전히 없어지는 것은 아니다. 때문에 배우는 사람은 욕망으로 미끄러지기 전에, 타고난 본래의 마음을 확충하여 마음 전체를 모두 밝게 해야만 한다. 그리고 자기의 마음을 기반으로 타인의 비뚤어진 마음도 밝게 하여, 어느 때나 밝지 않은 때가 없도록 하면, 타인도 처음 타고난 성품을 회복하게 된다. 이것이 이른 바 어른, 혹은 지도자가 행하는 학문의 기본 체계요 배움의 원리다.

두 번째 원리: 타인을 새롭게 하는 데 있다. 앞에서 언급한 밝은 마음, 덕은 사람이면 누구나 지니고 있는 것이다. 나 혼자만이 얻은 것이 아니다. 덕의 종류나 내용이 다를 뿐이다. 그러므로 밝은 덕을 지닌 사람은 어두운 덕을 지닌 사람들을 새롭게 하여 저들도 훌륭한 덕이 있도록 해 준다. 즉 스스로 밝게 하지 못하는 사람을 모두 새롭게 하여, 그 옛날에 물들었던 더러운 것을 버리게 해 준다. 이것이 어른으로서, 지도자로서 유용하게 쓸 수 있는 학문의 작용이요, 타자에게 배움을 허용하는 최고의 배려caring다.

세 번째 원리: 지극히 착한 곳에 머무르게 하는 작업이다. 내가 밝게 하여 새롭게 만든 것은 나의 책임 하에 스스로 만든 것이다. 다른 어떤 것으로부터 구차하게 얻은 것이 아니다. 하늘

에서 얻은 이치는 일상생활에서 당연한 법칙으로 드러난다. 이를 지극히 착한 것이라고 한다. 지극히 착한 것은 반드시 자기의 덕이 밝지 않은 것이 없게 하고, 다른 사람들의 덕을 모두 새롭지 않은 것이 없게 하여, 이 둘을 다른 곳으로 옮기지 않게 한다. 이는 어른인 지도자가 실천해야 할 학문이다. 요컨대, 명명덕과 신민, 그 배움의 체계와 작용은 지어지선 속에서 유기적으로 녹아든다.

〈표1-1〉 삼강령의 유기적 구조와 배움의 원리

<table>
<tr><th>삼강령
三綱領</th><th>작용</th><th>속성</th><th>원리</th><th>유기체의 길</th></tr>
<tr><td>명명덕
明明德</td><td>천도天道

우주 자연의 법칙,
이치</td><td>이치의 터득
마음의 자각
본성의 이해</td><td>배움의 기본 틀
자아실현
성찰省察
자기혁신
자기각성
자기교육</td><td rowspan="3">성인의 자기
배움
‖
어른 되기의
과정
‖
지도자의 길</td></tr>
<tr><td>신민
新民</td><td>인도人道

사람의 법칙,
윤리와 도덕</td><td>도리의 확충
교화의 인식
배움의 확대</td><td>배움의 기초 작용
타자이해
교화敎化
타자혁신
타자인도
타자교육</td></tr>
<tr><td>지어지선
止於至善</td><td>지도地道

일상의 바탕,
삶과 사회의 실천</td><td>건전한 생활
문화 건설</td><td>배움의 근본 효과
자기계발의 지속
타자계몽의 실천
공동체의 건강함 확보</td></tr>
</table>

4. 배움 원리의 현대성

『대학』의 '삼강령'은 기본적으로 왕정王政 시대, 계급 사회의 산물이다. 따라서 구체적 시대 상황을 무시하고, 민주주의 사회에서의 배움과 단순히 비교하거나 적용하기에는 모순이 있다. 그렇더라도 배움의 원리적 측면에서, 그 방향이나 전망을 모색하는 차원에서, 몇몇 시사점을 얻을 수는 있으리라.

삼강령을 배움 원리의 차원에서 다음과 같이 정돈할 수 있다.

첫 번째 원리: 배움은 자기가 본구적으로 지니고 있는 밝고 곧은 순수한 덕[마음]을 밝히는 일이다. 이는 자기혁신이요 자기학습이며 자기수양으로서 학문의 기초이다.

두 번째 원리: 배움은 타자를 새롭게 하는 작업으로 타인들에 대한 관심과 애정, 이해와 배려를 통한 타자 개혁이요 교화의 바탕이다. 이는 사회적으로 유용하게 쓸 수 있는 학문의 작용이다.

세 번째 원리: 배움은 지극히 착한, 이른 바 최고선에 머무르게 하는 실천 행위이다. 그것은 자기의 덕을 밝게 하고 타자들의 덕을 새롭게 하여, 일상생활에서 실천할 학문의 체계다.

이는 현대의 교육이나 학습의 차원에서 다음과 같이 자리매김 할 수 있다.

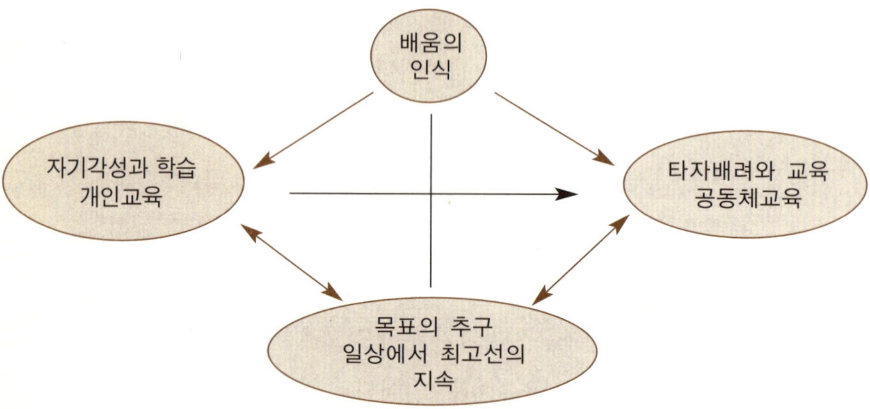

〔그림1-5〕 배움의 차원

요컨데 배움은, '자기 각성과 학습, 타자 배려와 교육, 일상에서 최고선의 지속적 실천' 이다. 자기학습과 타자교육을 통해, 개인과 공동체의 아름다운 삶을 지향한다. 그리하여 배움의 원리 차원에서, 『대학』은 다음과 같은 시사점을 제공한다.

첫째, 배움의 근본 원리가 '자기 학습이 되어야 한다'는 점이다. 명명덕의 내용을 통해 살펴보았듯이, 모든 배움은 자기의 파악으로부터 시작된다. 본래 밝고 순수하고 곧은 마음이 삶의 경험 가운데 그 착한 본질을 무너뜨려 갈 때, 인간은 반성적 존재가 된다. 그것은 기본적으로 자신에 대한 성찰이다. 자각을 통해 새로운 삶을 준비하고, 자기수양이나 학습, 자아실현을 위한 노력으로 이어진다. 이에 배움의 제1원리는 '자기 배움' 이다.

둘째, 배움의 기본 작용은 '타자를 지향해야 한다'는 점이다. 인간은 더불어 사는 존재이다. 자기 성찰을 통해 자각과 배움의 수준이 지도적 인격을 갖추었다고 하자. 그런 존재는 반드시 타자에게 관심을 갖고, 애정 어린 시선으로 이해하고 배려하며, 타자도 훌륭한 인격체로 성장할 수 있도록 이끌어 주어야 한다. 신민에서 보았듯이, 그것이 사람 사이의 기본 도리이며, 최고선으로 나아갈 수 있는 요건이다. 특히, 과오에 물든 사람들의 삶의 양식을 새롭게 개혁하여, 거듭나는 삶을 가능하게 하는 인간 혁신 작업이 요청된다. 이에 배움의 제2원리는 '자기 배움에 터한 타인의 배움'이다.

셋째, 배움의 효과가 '최고선의 상태로 지속되기를 소망해야 한다'는 점이다. 자기 배움과 타인의 배움은 배움 그 자체로 끝나는 것이 아니다. 반드시 최고의 모습으로 최적의 상황에서 적절하게 발휘될 수 있는 배움의 실제가 되어야 한다. 그것은 일상생활을 건전하고 합리적으로 운영할 수 있는 능력과 자세, 역할과 기능을 체득하여 공동체의 건강을 회복하는 것과 관계된다. 배움의 효과는 인간 삶의 과정에서 가장 훌륭한 '나－너－우리'의 모습을 지속하는 일이다. 이에 배움의 제3원리는 진정한 자기 배움과 타인의 배움이 일상에서 실제로 지속되는 '배움'의 일상성이다.

지금까지 나는, 『대학』의 배움 이론, 혹은 학문의 체계를 '삼강령'의 배움 원리로 정돈해 보았다. 배움의 원리와 효과, 그 공능의 세계를 편의상 나누어 설명하였다. 그러나 세 가지 강령의 실제는 하나의 유기적 통일체로서 지도자의 자기 배움을 통한 사람의 길로 이해된다.

‘평생교육 – 학습사회’ 라고 표현될 만큼, 교육과 학습은 이 시대의 난해한 화두다. 헤아릴 수 없이 많은 교육과 학습의 대상, 미래를 담보하기 힘든 삶의 전망, 그 혼돈 속에서『대학』의 배움 원리는 무엇을 줄 수 있을까? 아주 오래되었지만, 현재와 미래를 고민하는 데, 하나의 아이디어 역할을 할 수는 없을까?

배움의 제1원리: 모든 배움은 자기 배움이다 [배움의 근본 원리].

배움의 제2원리: 배움의 작용은 타자 배움으로 이어져야 한다 [배움의 기본 작용].

배움의 제3원리: 자기 배움과 타자 배움은 아름다운 사회의 일상을 지속하는 데 기여할 수 있다 [배움의 응용 효과].

이런 배움의 근본 원리와 기본 작용, 응용 효과를 고려한다면,『대학』의 배움 원리는 다음과 같은 문제 제기를 통해, 우리 삶의 행복을 여는 해법이 될 수도 있으리라.

나 자신에게 중요한 문제는 무엇인가?
어떻게 해야 하는가?

나와 타인의 관계는 어떠한가?

나와 타인이 필연적으로 연관되어 있다면, 우리는 어떤 삶의 조치를 취할 수 있는가?

제2부

논어 論語

자기 충실과 타자 배려

열림 마음과 포용력의 실천-인仁

충서忠恕의 실천을 향한 배움

단상 2 열린 마음[仁]

배움은 인간의 길을 추동하는 잠재적 힘이다. 동양에서 그 길은 다양한 형태로 제시되었다. 유교儒教의 길이 있고, 노장老莊의 길이 있고, 불교佛教의 길도 있다. 이중에서 인간의 배움에 보다 큰 관심을 가진 것은 유교였다. 그 유교를 초기에 집대성한 학문의 왕이 공자(孔子, 기원전 551~기원전 479)다.

공자는 유교를 창시하고 스스로 사학私學을 세워 행단강학杏亶講學을 베풀었다. 뿐만 아니라 당시의 문화를 종합적으로 정리하여 시詩 · 서書 · 예禮 · 악樂 · 역易 · 춘추春秋 등을 편찬하였다. 그것은 성실한 배움과 피나는 연구의 결과였다. 육경六經으로 지칭되는 동양 고대 문명의 결정판을 창조한 것이다. 그 결과 공자는 동양 최고의 스승이자 성인聖人으로 추앙받는다.

많은 지식인들이 정치권력에 사로잡혀 삶의 건강을 상실해 갈 때, 공자는 삶의 기술을 건전하게 일구며 문화를 베푼 학문지도자philosopher요 교육지도자educational leader였다.

공자는 약 72세 정도 살았다. 그의 일생은 어떤 측면에서는 아주 불행했다. 누군가의 말처럼, 훌륭한 사람은 아픔과 고통, 슬픔과 눈물, 저 낮은 비루함 가운데 잉태되는가! 출생한 지 얼마 지나지 않아 아버지를 여의고, 집안 또한 가난하게 되었다. 어린 공자는 온갖 궂은일을 하면서 홀어머니를 봉양하고 자기 생활을 꾸려 나가야 했다. 창고지기나 목동 같은 미천한 자리도 마다하지 않았다. 어떤 일을 맡건 그는 늘 책임감이 강하였다. 50대에 이르러서는 오늘날의 검찰총장이나 법무부장관에 해당하는 노나라 대사구大司寇의 지위에도 이르렀다. 이때가 가장 행복했는지도 모른다.

그의 일생 중 상당 부분은 천하를 주유周遊하며 자기의 뜻을 펴려고 했다. 그러나 성공한 적은 아주 드물었다. 중요한 것은 그가 추구한 삶의 태도다. 그것은 눈물겨울 정도로 배움에 몰입되어 있다. 공자는 언제 어디서나 학습을 했고, 알지 못하면 바로 물었다. 『논어』 첫 구절에 나오듯이, "학이시습지 불역열호學而時習之 不亦說乎"의 자세! 우리가 흔히 말하는 배움, 학습學習은 그의 이런 언표에서 유래한다. 이는 공자가 학습의 제왕임을 지시한다.

이런 공자의 사고가 잘 담겨 있는 저작이 『논어』다. 『논어』는 공자와 몇몇 제자들의 말과 행동을 기록하고 있는 책이다. 일종의 대화록이라 할 수 있다. 『논어』는 공자가 생존했을 때 쓴 것이 아니다. 공자가 세상을 떠난 뒤, 70 여 년이나 지난 후에 편찬된 것으로 보인다. 『논어』에 담긴 20편의 글은 공자의 제자, 그 문인의 기록이다. 그러기에 『논어』는 어느 한 사람의 손에 의해 이루어지거나 한꺼번에 저술된 것은 아니다. 내용이나 문체상 공자에게 직접 배운 제자들의 기록으로만 보기에도 어려운 점이 많다. 공자 제자의 제자가 기록한 것도 포함되어 있는 듯하다. 분명한 것은 공자의 사상을 담고 있으며 그를 추종하는 제자들이 저술했으리라는 점이다.

문답의 주요 내용은 공자와 제자 사이의 일상생활, 당시의 정치인이나 정치에 대한 공자의 비평, 공자 자신의 일상생활에 관한 의식이나 예절에 대한 문제, 역사상 인물의 사적에 대한 숭앙이나 찬미 등, 구체적 일상에서 말한 것이 대부분이다. 서구철학의 형이상학과 같은 추상적 · 논리적 이론을 앞세운 말은 아주 적다. 이것이 유교의 특색이다. 유교는 현실적 인간 삶의 구체적 문제를 거론한다. 일상에서 윤리적 실천을 강조한다. 그래서 현실주의와 휴머니즘적 색채가 짙다.

공자의 사상은 은殷:商나라와 주周나라 사회의 사상 조류에 연원을 두고 있다. 그리고 당시 춘추시대의 여러 사상가와 정치가들 – 예컨대, 정나라의 자산子產, 제나라의 안영晏嬰 등 – 의 언행을 많이 받아들였다. 공자의 사유 체계를 한 마디로 압축한다면, 그 유명한 '인仁'이다. 그런데 인 – 어짊 – 에 대하여 공자는 너무나 다양하게 정의하였다. 한 마디로 설명하기 어렵게 만들었다.

그래도 우리에게 익숙하면서, 많이 회자되는 대표적 언표를 꼽아 본다면, "사람을 사랑하라[愛人]!"다. 생명을 지닌 모든 존재를 사랑하는 일. 사랑으로 표현되는 인은 착함으로 대변되는 선善의 세계와 맞닿아 있다. 그것은 우리말의 '모질다', 또는 악惡한 성향의 것과 상반된다. '모짊'은 모가 나서 사람의 마음에 상처를 주고 마음을 닫아 버리는 특성을 지닌다. 극과 극처럼 서로 밀어내고 상실감을 더해주는 '죽임'의 사유이다. 반면, '어짊'은 언제나 열어놓고 포용하는 마음이다. 열린 마음[open mind]! 사람의 생명력을 창출하는 '살림'의 철학이다. 우리가 일상에서 자기 나름의 '살림' 살이를 하고 있듯이, 사람을 살리는 마음 씀씀이다!

이 사람 사랑의 핵심, 살림의 사유는 공자가 평생으로 일관했던 "충서忠恕"를 통해 감지할 수 있다. 자기에게 충실하고 타자를 배려하는 일! 그 "충서지도忠恕之道"는 충실이라는 열매를 통해 이타주의를 실천하는 근본 양식이다. 충忠은 성실한 마음을 뜻하고 서恕는 배려하는 마음을 말한다. 성실한 마음은 마음 가운데 우러나오는, 양심을 따르는 마음씨다. 배려하는 마음은 남을 관용으로 대하는 마음씨를 말한다. 남을 나처럼 아끼고 존중하는 마음 없이 관용스런 태도를 지닐 수 있겠는가? 남을 아끼는 마음은 남의 아픔을 나의 아픔으로 녹여 넣어 그 아픔을 함께 나눌 수 있는 심성이자 능력이다. 공자의 가르침은 이런 차원을 한 치도 벗어나지 않는다.

그런데 인仁은 인간의 내면적 세계로서 하나의 가능태일 뿐, 현실태는 아니다. 그것이 현실에서 표현되려면, 이상적 절도와 꾸밈새가 있어야 한다. 그 기능은 예禮가 담당한다. 그런 차원에서 예는 인의 덕목에 어긋나지 않기 위해, 관습적으로 인간이 마땅히 갖추어야 할 가시적 행동양식이다. 말투를 비롯한 모든 종류의 몸가짐으로, 몸에 밴 태도나 행동, 양식, 습관들을 지칭한다.

공자와 그의 제자들은, 이런 인과 예의 실현을 통해 자신을 완성하고 타자를 배려하며, 사랑으로 가득 찬 조화로운 사회를 이루려고 하였다. 그것이 충서忠恕에 기반한 애인愛人의 철학이다. 다시 정돈하면, 인은 도덕적으로 무장한 주체가 강력한 사회성을 지니고 타자와 교류하는 인간관계의 기초다. 그 인간관계의 바탕에 자기 충실과 타자 배려라는 사랑의 원리와 실천이 자리한다. 그것을 증명하는 유명한 언표들이 있다.

내가 하고 싶지 않은 일은 남에게도 시키지 말라![1]

내가 서려고 하면 남도 함께 세워주고 내가 도달하려고 하면 남도 함께 도달하게 하라![2]

어른을 편안하게 모시고 벗을 신뢰하며 어린이를 보살펴주라![3]

이런 차원에서, 현재, 우리는 어떤 배움을 실천하고 있는가?

1) 『論語』「顔淵」: 己所不欲, 勿施於人.

2) 『論語』「雍也」: 己欲立而立人, 己欲達而達人.

3) 『論語』「公冶長」: 老者安之, 朋友信之, 少者懷之.

1. 자아를 향한 배움

나는 누구인가? 후 엠 아이Who am I

선뜻, 진지하게, 이 물음에 답할 사람이 얼마나 될까? 불교의 선지자들은 이 물음에 답하기 위해 끊임없는 깨달음을 갈구했다. 그리고는 '해탈'이라는 미명하에 자아를 벗어던지기도 한다. 그러나 유교는 다른 길을 걷는다. 자아를 찾아 나선 것이다.

'자아실현自我實現: self-realization'이란 말은 매우 형이상학적이다. 자아自我의 의미 규정도 문제다. 뿐만 아니라 그것을 실현한다고 했을 때, '실현實現'의 상태, 내용과 방법, 범위가 어느 정도인지, 구체적으로 답하기 어렵다. 왜냐하면 자아실현에는 삶의 복잡한 양상이 개입하기 때문이다. 이런 난점은 유교에서 배움을 통해 삶을 실현하려는 인간의 모습에도 비슷하게 적용된다.

'나', '자신', '자기' 등등. 유사한 말들의 틈바구니에서, '자아'를 어떻게 설명할 수 있을까?

서구에서 자아self는 나I를 의미한다. 동시에 나 속에 있는 존재론적 자기실체를 뜻한다. 서구의 자아개념을 정확한 우리말로 번역하기는 힘들다. 그런 상황을 감안하여 자아의 의미를 구성해보면, 그것은 '나의 마음my mind'과 유사하다. 이때 마음이란 정신, 사고, 지향성 등을 포함하는 정신세계의 내용과 기능을 포괄한다(최진, 1999). 그렇다면 자아실현은 나의 마음을 실현한다는 의미인가?

이 지점에서 유교의 기본 전제인 수기치인修己治人을 고려할 필요가 있다. 특히 자아와 유사한 계열에 있는, 수기修己의 '기己'를 눈여겨볼 필요가 있다. 기己는 말 그대로 '몸'이다. 신체身體와 동일한 언어다. 이는 사람의 전존재를 표현하는 용어로, 서구적 의미의 자아를 상징한다. 수기치인의 과정에서 유교는 자아를 수양하는 차원을 초월해 있다. 즉 몸의 수련이라는 자신의 문제를 넘어, 타자로 향한다. 넓게는 수신修身에서 평천하平天下에 이르는 대학大學의 과정이 보여주듯이, 전체 사회의 건강함을 확보하는 일로 나아간다. 그것은 인간의 특질을 대변하는 개념인 성性과 정情, 심心의 유기적 작용을 통해, 성인成人이나 대인大人을 추구한다. 자아실현은 바로 이러한 사람이 되는 삶의 과정으로, 사람다움을 지향한다.

유교의 자아실현 – 몸 혹은 마음의 발휘 – 에서 객관화할 수 없는 것이, 삶과 일치되어 있는 배움이다. 자아실현은 나의 실천 행위이지만 그것은 배움을 통해 충실성을 기할 수 있다. 왜냐하면 자기를 만들어 가는 가장 강력한 도구가 배움이기 때문이다.

유교의 배움은 태교胎教에서 성인에 이르기까지 매우 구체적으로 제시된다. 태교는 임신 중의 부모 교육으로 모母의 행동거지와 생활 자세를 언급한다. 이는 최초의 자아 발생이 어떻게 이루어져야 하는지 그 상황을 보여준다.

출생 이후, 10세 이전에는 '안방 수업'으로 불리는 가정에서의 배움 가운데 자아를 발견해 간다. 밥 먹고 말하고 띠 매는 법에서 셈하기, 방위方位 이름 알기, 남녀유별의 의미, 사양辭讓하는 예의 양식, 날짜 세는 법 등을 이해하고 차츰 차츰 인간세계에 자리매김한 자아를 확인해 간다. 10세에서 20세까지는 바깥방에서 스승에게 나가 배우는 시기다. 이때는 글, 셈, 육서, 예의범절 등을 익히고 악樂이나 시詩, 사어射御 등을 통해 자아를 다진다. 이 무렵까지가 어린이의 배움에 해당한다.

20세 전후, 성동成童에 이르기까지 유교의 배움은 자아를 형성하고 확인하고 다지는 자아확립의 기간이다. 이런 배움의 과

정도 자아실현이라고 볼 수 있다. 하지만, 어린 시기는 자아에 대한 분명한 인식이 없는 상황이 대부분이라, '자아를 실현하다'는 의미를 강력하게 부여하기는 어렵다.

그렇다면 어느 시점부터 자아실현의 의미를 강조할 수 있을까? 유교의 배움 과정에 의하면, 본격적 자아실현은 삶의 과정에서 도출해야 한다. 그것은 30세 무렵에 혼인을 하고, 40세에 학문을 통해 관직에 나아가고, 50세에 지도자로서 정사政事를 행하며 70세쯤에 은퇴하는 어른의 단계로 나아가는 삶의 전 과정을 검토해야 한다는 말이다. 즉 확인된 자아를 구체적으로 실현하며 인간의 성숙도를 보여주는 시기에서 그 실현의 의미 맥락을 파악할 수 있다.

초기 유교의 집대성자인 공자는 『논어』에서 여섯 단계의 자아실현 과정을 제기한다. 그것은 10년 정도의 주기로, 주요한 자기 변화를 통해 철저한 자아실현의 능동성과 배움의 중요성, 그리고 삶의 질적 향상을 일러준다.

2. 자아실현의 기초 양식

자아실현 이전, 자아확인의 단계에서 유교의 학문 전통은 '동몽童蒙'의 배움을 상정한다. 현대적으로 볼 때, '동몽'은 초등에서 중등에 이르는 배움의 과정으로 일상생활의 당위규범을 학습하는 시기다. 자아의 생존과 직결되는 삶의 기술을 터득하고, 예절을 몸에 배게 하는 자아를 다지는 기간이다.

동몽童蒙:Juvenile Ignorance의 배움 원리는 『주역周易』의 네 번째 괘인 "몽蒙:䷃"에서 확인할 수 있다(南東園, 2005; 金碩鎭, 1996; 정재걸, 2008). 몽蒙은 '어둡다, 무지몽매하다'는 의미이다. 여기에서 동몽은 '어리석은 사람', '깨닫지 못한 사람', '무지한 인간'을 나타낸다. 이런 인간은 아직 다져야할 자아를 발견하지 못하거나 제대로 확인하지 못한 상황이다. 그렇다고 근원적으로 어둡거나 어리석으며, 자아 자체가 없는 것을 의미하지는 않는다.

동몽은 원초적으로 배우려는 속성을 지니고 있다.[4] 자아를 발견하고 확인하고 다질 수 있는 가능성의 덩어리이다. 본성적으로 그 자체에 계발의 이치가 담겨 있다. 때문에 몽蒙의 상태인 무지몽매함을 지속하지 않고, 그것에서 벗어나려고 한다. 이는 인간이 자신의 재능을 발휘할 소질, 자아를 확인하여 실현할 수 있는 능력을 잠재하고 있음을 의미한다.

이 지점에서 자아확립과 배움의 원리를 감지할 수 있다. 그것은 식물의 싹이 열매의 껍질을 쓰고 땅 위로 올라오듯이, 산 기슭에서 샘물이 솟아오르듯이, 어린이가 자기의 본성을 찾아가는 작업에 기초한다.

다만, 어린이는 맑은 샘물이 산 속 바위틈에 숨겨져 있는 것처럼, 어디로 나아가야할 지 몰라 허둥대는, 앞뒤가 막힌 상황에 처해있을 뿐이다. 물러날 수도 나아갈 수도 없는 좌충우돌의 사태에 직면해 있다.[5] 뒤로 물러간다면 더욱 험한 상황에 직면하고, 앞으로 나아가도 산이 가로 막고 있어 험난하다. 이 상황을 헤치고 나오는 방법은, 어리석은 존재가 처해 있는 현실 세계를 바르게 파악하고, 자신이 누구인지를 애써 아는 작업(문태순, 2003: 142). 달리 말하면, 자기를 확인하는 일이다.

---

4) 『周易』「蒙」: 蒙亨, 匪我求童蒙, 童蒙求我.

5) 『周易』「蒙」: 彖曰, 蒙, 山下有險, 險而止. 象曰, 山下出泉.

이런 '동몽'의 배움에 크게 두 가지 방법을 쓴다. 하나는 '감싸 안는 법'이고 다른 하나는 '일깨우는 법'이다. 앞의 것을 포몽包蒙이라 하고 뒤의 것을 격몽擊蒙이라 한다. 율곡 이이(李珥, 1536~1584)가 포몽包蒙이 아니라, '격몽'의 요결[擊蒙要訣]을 쓴 것은 자아를 일깨우기 위해서였다. 격몽은 회초리로 치듯이 적극적 배움을 통해 어리석음을 일깨우는 방법이다. 반면, 포몽은 어리석음을 인정하고 너그러이 용서하며 그를 감싸고 끌어안으며 나아가는 방법이다.

몽蒙의 문제에 관한 보다 세밀한 인식, 어리석음을 깨우치는 배움의 의미는 다음과 같이 적시된다.

> 몽매함을 깨우치거나 계발할 때는 징벌을 쓰는 것도 유용하다. 그렇게 해서 무지로 인한 죄악에 빠지지 않게 해야 한다. …… 몽매함을 포용하는 작업도 괜찮은 일이다. 사리에 어두운 경우에도 용납할 수 있다. 그래야 자식이나 집안을 다스릴 수 있다. …… 몽매하여 곤경에 처하는 경우, 아주 곤란하다. 곧은 스승과 소원할 수 있기 때문에 그러하다. …… 어린 아이가 무지몽매하지만 겸허하게 가르침을 받으면 그것도 괜찮다. …… 아주 적극적으로 지도하여 몽매함을 깨우치되 지나치게 내칠 경우, 이롭지 않다. 비행 소년으로 떨어지려고 할 때 적극적으로 막아야 이롭다.[6)]

---

6) 『周易』「蒙」: 初六, 發蒙, 利用刑人, 用脫桎梏, 以往吝. 象曰, 利用刑人, 以正法也. 九二, 包蒙, 吉, 納婦, 吉, 子克家. 象曰, 子克家, 剛柔接也. 六三, 勿用取女, 見金夫, 不有躬, 无攸利. 象曰, 勿用取女, 行不順也. 六四. 困蒙, 吝. 象曰, 困蒙之吝, 獨遠實也. 六五, 童蒙, 吉. 象曰, 童蒙之吉, 順以巽也. 上九, 擊蒙, 不利爲寇, 利禦寇. 象曰, 利用禦寇, 上下順也.

『주역』에서는, 발몽發蒙에서 격몽擊蒙에 이르기까지, 몽蒙을 두고 배움의 다양한 예방책과 처방전이 제시된다. 발몽發蒙은 무지몽매한 존재에 대한 엄격한 통제와 배움의 필요성을 제시한다. 포몽包蒙은 관용과 열린 마음으로 받아들이는 자세이고, 곤몽困蒙은 스승에게 나아가 배우지 않은 어리석은 존재에 대한 질타이다. 동몽童蒙은 배울 의지가 있는 공순하고 겸손한 존재에 대한 칭찬이고, 격몽擊蒙은 어리석음을 다스릴 때의 방법이다. 그것은 엄격하지만 포악하지 않아야 한다(쑨 잉퀘이 · 양 이밍, 2007).

동몽의 배움 과정, 어리석음에 대한 자아확인의 기본 내용은 『예기禮記』와 『소학小學』 등에서 구체적으로 확인된다. 특히 우리 전통 유교에 크게 영향을 미친 『소학』은 그 내용을 자세하게 전한다. 동일한 맥락에서 주희의 『대학장구大學章句』 "서문[序]"에도 어린이가 확인하고 공부해야 할 자아의 내용이 다음과 같이 거시적으로 소개되고 있다.

> 사람이 여덟 살이 되면 …… 모두 소학에 들어가 물 뿌리고 쓸며, 응낙하고 대답하며, 나아가고 물러가는 절목[節]과 예법 · 음악 · 활쏘기 · 말부리기 · 글쓰기 · 셈하기의 문법[文]을 가르쳤다. 열다섯 살에 이르면 …… 대학에 들어가 이치를 궁구하고, 마음을 바르게 하며, 몸을 닦고, 사람을 다스리는 방법을 가르쳤다.[7)]

7) 『大學章句』「序」: 人生八世 …… 皆入小學, 而敎之以灑掃應對進退之節, 禮樂射御書數之文. 及其十有五年 …… 皆入大學, 而敎之以窮理正心修己治人之道.

8세 이상의 어린이들이 익혀야 할 내용인 소학은 '절문節文'의 배움으로 표현된다. 앞에서도 간략하게 언급하였지만, 이는 일상생활에서 실천해야 하는 형이하학形而下學의 길이다. 그 속에는 기초 예절과 여섯 가지 삶의 예술인 육예六藝가 핵심 내용으로 자리한다.

일상생활에서 기초적 생활양식은 쇄소응대진퇴灑掃應對進退라는 절목節目이다. '쇄소灑掃'는 새벽에 일어나서 방과 마루를 쓸고 닦으며 뜰에 물을 뿌리고 쓰는 작업이다. 현대적 의미로 보면 청소하는 행위이자 자기 주변 정리, 위생의 확인에 속한다. '응대應對'는 부모 혹은 어른을 비롯하여 나 이외의 타인이 부르거나 어떤 일을 시키면 공손하게 응낙하고 사안에 따라 대답하는 행위이다. 그것은 사람과 사람 사이의 대면對面 양식을 일러 준다. '진퇴進退'는 어른이 계신 곳이나 자신이 하는 일 등, 일상에서 나아가고 물러남, 돌아다닐 때 신중하고 경건하게 대처하는 일을 말한다.

이는 인간이 태어나서 기본적으로 행해야 할 본분에 대한 예의다. 그러므로 이 여섯 가지 일에 절節이라는 상징적인 글자로 의미를 부여하였다. 절은 대나무의 마디, 사람의 뼈마디인 관절, 또는 계절의 순환고리처럼, 서로 다른 것의 연결고리다. 모든 사물은 '절'과 같은 유기적 연관과 상관을 통해 생명을 확보한다. 마디 없는 존재는, 굳어 생명을 잃은 주검과도 같다.

모든 사물은 연결고리, 그 결[理]의 세계를 통해 생명을 온전하게 유지한다. 그것은 인간의 삶에서 '쇄소응대진퇴'라는 절목에 다름 아니다. 유교에서는 어린이 시기에, 이른 바 '쇄소'로 요약되는, 일상 예절의 적극적 배움과 깨우침을 고대했다. 이는 유치원이나 초등학교 수준에서 탄탄하게 다져야 하는 삶의 예비책이었다. 다른 말로 명명하면 '자아확인'의 배움이리라.

다음으로, 어린이 시기에는 예악사어서수禮樂射御書數라는 문법을 익혀야 한다. '쇄소응대진퇴'의 절목 이후, 이어지는 문법文法 — 문화, 문명 — 은 삶을 세련되게 정제하는 과정이다. '예의[禮]'는 법도를 익혀 예의범절禮儀凡節을 구분할 수 있게 가르치는 일이다. '음악[樂]'은 소리의 높고 낮음을 잘 이해하여 삶의 조화調和를 깨닫도록 가르치는 일이다. 예는 삶의 과정에서 '분별[分]' 능력을 기르는 일이요, 악은 '화합[合]'의 심성을 축적하는 작업이다. '활 쏘는 법[射]'은 하나의 활에 네 개의 화살을 끼워 그것의 맞고 맞지 않음, 즉 마음을 바로 잡고 있느냐의 여부로 덕행德行을 살펴보는 일이다. '말 부리고 모는 법[御]'은 한 수레에 네 마리의 말을 끌게 하고, 말 모는 사람이 고삐를 잡고 수레 위에 서서, 제대로 몰아서 바른 길을 잃지 않도록 연습시키는 일이다. '글쓰기[書]'는 글을 쓰는 서체를 통하여 사람 마음의 바르고 비뚤어진 정도, 즉 마음의 획을 보는 일이다. '셈하기[數]'는 수를 계산하여 물건의 변화를 알 수 있게 함으로써 인간의 생활을 조절하는 일이다. 이는 '쇄소응대진퇴'에 비해 2차적이고 보다 지적知的이다. 현대적 의미로 볼 때, 그 내용이 중등학교 수준의 배움에 해당한다.

소학小學에서는 일의 순서와 삶의 실천상, '쇄소응대진퇴'가 밑 바탕이 되고 '예악사어서수'가 응용 · 실천되어야 한다. 이 둘은 자아의 확인 과정에서 나름대로의 역할 분담을 하고 있다. 나무로 비유한다면, 전자는 뿌리가 되고, 후자는 가지나 잎이 되어, 한 그루를 형성한다. 나무에서 뿌리와 가지[줄기, 잎]는 유기체로서 분리할 수 없다. 뿌리 없는 가지, 가지 없는 뿌리가 무슨 의미가 있겠는가?

뿌리를 배우는 학문은 삶에서 개인적 · 사회적 생명력과 관련되며, 가지(잎)를 배우는 학문은 그 생명력을 확장한다. 이는 현실적 삶의 운용 과정에서 배움의 기초와 배움의 적용 혹은 응용으로 비유할 수도 있다. 그러나 이 둘은 늘 생활 속에서 상호 성찰되는 유기적 구조다. 그런 배움의 상황이 자아실현의 초보적 양식으로서 자아확인의 핵심 내용들이다.

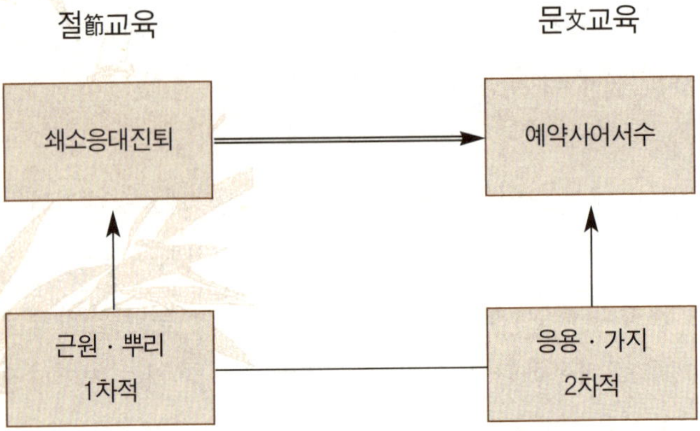

〔그림2-1〕 소학의 과정

3. 자아실현의 단계별 모습

앞에서 살펴 본, 절문節文의 배움은 자아실현의 기초양식으로서 자아확인에 해당한다. 그것은 어린이의 배움, '소학'의 단계다. 그러나 공자 사상의 핵심을 담고 있는 『논어』의 언급은 성동成童; 청소년 – 어른 아이 이후, 어른의 교학敎學 차원에서 논의된다. 목적과 내용, 방법에서 차이는 있겠지만, 현대적 의미로 이해한다면, 성인계속교육이라고 할까? 이것은 자아확인의 단계를 넘어 확인한, 자아를 구체적으로 실현하는 인생의 마당이다. 그것은 '소학'에서 질적으로 승화하는, 어른의 배움인 '대학'이다.

공자의 학문 과정이나 인생 역정을 언급할 때, 거론하는 유명한 구절이 있다.

나는 ① 15세 무렵에 배움에 뜻을 두었다. ② 30세 무렵에 자립하였다. ③ 40세 무렵에 어떤 일에도 미혹되지 않았다. ④ 50세 무렵에 천명을 알았다. ⑤ 60세 무렵에 귀로 들으면 무슨 말이든 그대로 알아들었다. ⑥ 70세 무렵에 마음 내키는 대로 행동해도 법도를 넘지 않았다.[8)]

이는 성동成童에서 청장년, 노년에 이르기까지 유교의 배움을 단계적으로 드러낸 것이다. 꼭 그 나이에 맞는 것은 아니지만, 10년 내외의 세월을 여섯 차원으로 나누어, 배움의 승화 과정을 보여준다.

10대에서 70대에 이르기까지, 일반적으로 이런 나이 전후로 인생은 질적 변화를 겪나보다. 서구 심리학의 인간 발달단계와 차이가 있겠지만, 적어도 유교에서는 그러하다. 예컨대, 오늘날, 대학을 졸업할 나이는 대개 25세~30세 정도인데, 공자는 30세 전후에 "립立"을 주문한다. 광범위하게 이해하면, 이는 대학 과정을 거쳐 취직하고, 결혼하고, 스스로의 삶의 영위하려는 자세와 유사하다. 이때 "립"은 인생의 전반적 상황을 스스로 선택, 판단, 결정하는 삶의 독립과도 상통한다.

---

8) 『論語』「爲政」: 子曰, 吾十有五而志于學, 三十而立, 四十而不惑, 五十而知天命, 六十而耳順, 七十而從心所慾不踰矩. 번호 ①②③④⑤⑥은 논의의 편의를 위해 붙임.

① 15세 무렵에 배움에 뜻을 두다.

공자가 15세에 학문에 뜻을 둔 것이 이른 것은 아니라고 한다. 당시 사士 계층의 자제는 대개의 경우, 빠르면 13세에 학당으로 간다. 그런데 공자가 남들보다 늦은 15세에 학문을 시작한 것은 그만큼 생활고에 시달렸기 때문인 것으로 생각된다(유명종, 2001: 32). 15세는 성동으로 이제 겨우 자아에 눈뜨는 시기다. 서구적 의미의 청소년처럼, 발달 단계상 제2의 탄생이자 정신적 이유기離乳期다. 질풍노도疾風怒濤의 시기이기도 하다. 이때는 자신이 누구인지, 무엇을 해야 하는지 고민하며 자아를 확인하면서도, 삶의 방향감각을 정돈하지 못하고 혼란스러워할 시기다. 그러므로 이제 본격적으로 자아실현을 위한 준비에 들어간다. 그 준비 단계의 첫 단추가 "배움에 뜻을 둔다"는 말이다.

이 배움은 어린이의 배움이 아니라 어른의 배움이다. 즉 대학大學 과정이다. 이 시기는 절문節文이 아니라 도道를 깨우치기 위해 입문하는 단계이다. 따라서 경전[經]과 술수[術]를 익히는 것을 핵심으로 한다.[9] 다시 강조하면, 15세에 어른이 되기 위

9) 『論語集釋』「爲政」: 十五成童志明, 人大學學經術. 이하 『論語集釋』의 원문은 唐以前古注, 人名, 別解 등을 따로 제시하지 않고 『集釋』으로 표기한다).

한 배움에 뜻을 둔다. 그 이유는 간단하다. 15세는 성동의 나이다. 어린이에서 어른으로 들어가는 전환의 시기다. 동서양 교육의 역사에서 고대사회의 "성년식"처럼, 사회적 책무성에 눈뜨는 시기이기도 하다. 이 때부터 인식과 사고가 견고해지면서 밝게 되기에 어른다움이 본격적으로 요청된다.[10)]

② 30세 무렵에 자립하다.

"30대에 선다"는 말은 어떤 배움과 연관될까? "립立"자 위에 "이而"자를 덧붙인 것은, "배움을 통해 자신을 확립하는 일에 조금도 의심이 없다"는 의미를 강조하기 위해서다.[11)] 인간은 경전을 배우면서 우주자연과 인간사회의 법칙을 익히고, 그것을 바탕으로 자기 나름대로의 사업을 이룬 후에야, 그에 적절한 인간구실을 할 수 있다. 직업의 세계에 비유하면, 어떤 직업을 갖기 위해 그에 필요한 준비를 하고 능력을 갖춘 후, 그 직업에 직접 종사하면서 성공하는 것과도 같으리라.

동양의 옛 사람들에게 배움의 기준은 엄격했다. 3년에 걸쳐 하나의 경전을 마스터하는 것. 이런 배움의 기준은 몸에 스며

---

10) 『集釋』: 十五是成童之歲, 識慮堅明.

11) 『集釋』: 觀立上用一而字, 其指學立毫無疑義.

들어 체득되는 작업이 그리 녹록치 않음을 의미한다. 한두 달 내에 단순하게 암기하고 끝날 성질의 것도 아니고, 시험을 치러 만점을 받았다고 마무리되는 일도 아니었다. 농사를 짓듯이, 땅을 갈고 파종을 준비하며, 파종 후에는 자라나는 곡식을 보면서 김매고 수확하여 한 해 농사의 매듭을 짓고, 다시 다음 해 농사를 예비하는 긴 여정!

유교의 학인學人들은 그렇게 생각했던 것 같다. 최소한 3년은 마음의 밭을 갈고 길러야 겨우 씨앗 하나를 심을 수준에 이른다! 삶에 필수적인 기술의 차원에서 보면, 이제 겨우 삶의 양식, 그 하나의 기예技藝를 터득한 수준이다. 3년간 경문을 읽고, 삶의 대강을 파악하는데 나아갔을 뿐.

이런 인식 아래, 15세에 경전을 배우기 시작하여, 3년에 하나의 경전을 익혀 나간다. 30세까지 장장 15년 동안 다섯 가지 경전을 익혀야 한다. 이것이 유교의 점진적 수양이다. 일상에서 문文을 조금씩 익히고 축적하여 덕德이 많이 쌓이게 하는 방법. 이때 다섯 가지 경전은 오경五經이다.[12)]

오경을 익혔다는 것은 사람이 살아가는 도리의 대강을 제대로 지킬 수 있는, 우주적 법칙이 정돈된 상황을 의미한다. 배움

12) 『集釋』: 立, 謂所學經業成立也. 古人三年明一經, 從十五至三十是又十五年, 故通五經之業, 所以成立也.; 古之學者, 耕且養, 三年而通一藝. 存其大體, 玩經文而已, 是故用日少而蓄德多, 三十而五經立.

을 통해 성취한 올바른 세계에 서는 일. 그것은 인간으로서 예禮에 설 수 있다는 뜻이다. 예는 혼인을 할 수 있는 기본 요건이다. 뿐만 아니라 이는 예를 통한 풍속과 인륜의 질서화, 문명화와도 관련된다.[13]

여기에서 "설 수 있다[而立]"는 것은 책무의식의 확인이자 삶의 예술을 구가할 수 있는 자신감과도 통한다. 본격적으로 자아확인에 마침표를 찍고, 이제는 '자아실현'을 위한 삶의 기초가 마련되었음을 선언한 언표이기도 하다. 어찌 보면 어렴풋이 최초의 자아실현이 이루어진 사태다.

③ 40세 무렵에 어떤 일에도 미혹되지 않다.

40대 무렵인 "불혹不惑"은 '의혹되지 않는다'는 말이다. 30대에 자아를 확인하면서 사업을 이룬 후, 10년이나 지났다. 그 10여 년 동안 또 익히고 배웠다. 10년이면 강산이 변한다는 말도 있듯이, 노력한 인간에게서 10여 년의 질적 승화는, 말 그대로 "괄목상대刮目相對"의 상황이리라.

40대의 인생은 삶의 중반기에서 하반기로 접어드는 시기다. 15세부터 배우고, 30세부터 사업으로 닦아온 기간을 고려한다

13) 『集釋』: 三十曰壯, 有室. 立也者, 立於禮也. 君子惟明禮, 而後可以居室. 不然, 風俗之衰與人倫之變, 未有不自居室始者. 故曰人有禮則安, 無禮則危也.

면, 정신이 헷갈릴 일은 없게 된다. 그런 안정감이 불혹不惑이라는 표현을 가능하게 만들었다. 학문은 더욱 진전되어 도道를 터득하고, 그것이 체득되어 덕德을 밝히며, 세상 모든 사물의 속성인 성性을 인식하는 경지에 이르러, 흔들림이 없게 된 것이다(이기동, 2007: 85).

이렇게 경전經傳적 지식과 삶의 경험으로 터득한 지혜, 이른바, 지성知性으로 무장한 40대는 자신의 영역에서 나름대로 힘을 구축하여, 학자이자 선비로서 관료로 진출한다. 사회지도급 인사로서 직업 세계를 영위한다. 30세 이후 10년을 자신의 사업에 매진하여 터득한 노하우. 그들의 경전 이해 수준은 점점 높아지고, 실천으로 닦은 내공은 상당하다. 그 결과 덕이 왕성하게 몸에 배게 되어 나라와 가문을 이끌어가기에 충분하다. 현대적 의미에서, 직장에 나아가 지도자로서 자신의 본분을 다할 수 있다는 말이다. 그것이 40대의 특징인 지도자의 요건이요, 선도자로서 정신이 헷갈리지 않은 이유다.[14)]

30대는 이립而立을 통해 경전에 담긴 내용들을 염두에 두는 '수경守經'의 시기라면, 40대는 경전의 내용을 저울질하여 삶에서 응용하는 '달권達權'의 시기다.[15)] 세상은 격동적이다. 그 속에서 인간은 '상황에 따라 바뀔 수 있다'는 사실을 인식해야 한

14) 『集釋』: 四十强而仕, 業通十年, 經明行修, 德茂成於身, 訓洽邦家, 以之莅政, 可以無疑惑也.

15) 『集釋』: 立, 守經也. 不惑, 達權也.

다. 변變의 사태에 직면했을 때, 혹惑은 뒤따르게 마련이다. 30대에 립立을 했다고 하나, 아직 흔들리지 않는 마음, 한결같이 굳은 마음에까지 이르지는 않았다. 40세 무렵이 되어야 헷갈리지 않고 세상의 일을 저울질 할 수 있는 엄격한 판단 능력을 지닐 수 있다. 여기에서 설 수 있는[而立] 전제 조건은 확고한 예의 정립이고, 그것을 바탕으로, 미혹되지 않아야[不惑] 제대로 헤아릴 수 있다.[16)]

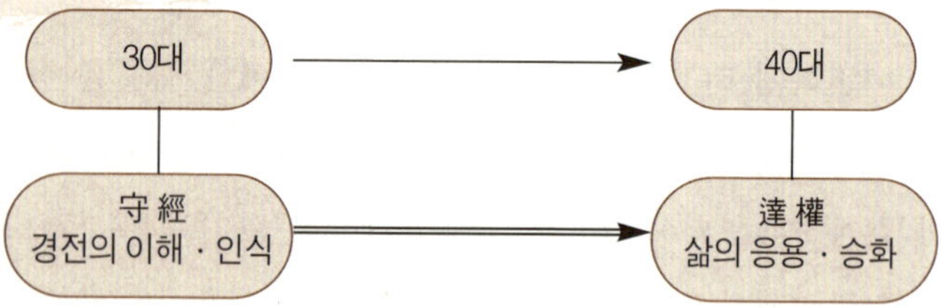

〔그림2-2〕 배움의 성숙

요컨대, 40대는 세상을 읽을 수 있는 눈을 통해, 자기를 다지는 기간이다. 혜안慧眼을 터득하여 삶을 한층 성숙시키는 배움의 단계다. 그것은 경험의 축적과 응용, 상상을 꿰뚫는 시대정신을 지닐 때 효과적으로 발휘될 수 있다.

---

16) 『集釋』: 遇變而惑, 雖立不固. 四十不惑, 可與權矣.; 强禮然後可與立, 不惑然後可與權.

④ 50세 무렵에 천명을 알다.

50대는 자아실현의 하이라이트이다. '천명을 안다'는 말은 그 시작과 종료를 안다는 의미다. 천명이란 무엇일까? 모든 사물의 분수分數 — 존재 이유 — 에 대한 꿰뚫림![17] 나는 무엇이며 어디로 가야하는가? 이 세상에서 무엇을 해야 하는가? 인간으로서 세상에 나와 소명의식이나 사명감을 갖는 단계다.

사람의 나이 50이전까지는 삶의 이것저것을 도모하는데 정신이 없다. 어떤 차원에서는 여유가 없다는 의미이기도 하다. 그러다가 50에 이르면 서서히 그런 행동이 줄어든다. 스스로를 살피고 자신의 분수에 비추어 보아, 할 수 있는 일과 할 수 없는 일을 정확하게 인식한다.[18] 그것은 자신의 분수 확인이자 본분의 확립이다.

40대에 불혹不惑, 50대에 지천명知天命은, 경전의 지침에 의거하여, 세상의 조리條理를 증명하는 시기다. 불혹은 인간 세상의 법칙을 제대로 알았을 때 가능하다. 지천명은 자연과 우주의 법칙을 터득했을 때 주어진다. 그러기에 불혹의 시기에는 세상의 이치를 모두 캐물어 자신의 본성을 활짝 편다. 지천명에 이

17) 『集釋』: 知天命之始終. 天命, 謂窮通之分也.

18) 『集釋』: 人年未五十, 則猶有橫企無厓. 及至五十始衰, 則自審己分之可否也.

르면 자신의 목숨이 무엇인지 파악하여 삶의 궁극에 다가간다.

지천명에 이른 사람은 자연스레 자신에게 부과한 명령을 안다. 때문에 헛된 삶을 살지 않는다. 그는 자신이 해야 할 일을 알아차리고 스스로 임무를 맡는다. 그것은 사회에 대한 강력한 책무성이다. 지도급 인사로서 주어진 명命은 자기가 세운다. 하지만 지도적 인격을 갖춘 만큼 자연스레 부과되므로 아무리 위대한 인간일지라도 함부로 그것을 사양할 수 없다.[19)]

천명을 알아서 덕을 창출하는 작업은 나에게 달려 있다. 그것은 유교의 핵심인 인의예지仁義禮智의 길과 직결된다. 인의예지의 길을 알아서 받들고 실천하는 것은 군자의 지천명이다. 그런데 내가 인의예지의 길를 얻어서 그 유래를 받들어 실천하는 작업은 성인의 지천명이다.[20)] 아는 것과 얻는 것의 차이가 이처럼 심하다. 어떤 양식이건 지천명은 인의예지의 길을 실천하는 사명감으로 우러나와야 한다.

요컨대, 유교적 자아실현의 핵심은, 삶의 도리가 인의예지의 길임을 알고, 그것을 터득하여 실천하는 일이다.

---

19) 『集釋』: 若不惑, 知天命, 則以經證經. 不惑是知人, 知天命則知天. 不惑是窮理盡性, 知天命是至于命.; 知天命者, 知己爲天所命, 非虛生也.; 故以知天命自任. 命者, 立之於己, 而受之於天, 聖人所不敢辭也.

20) 『集釋』: 知天命生德當在我也. 是故知有仁義禮智之道, 奉而行之, 此君子之知天命也. 知己有得於仁義禮智之道, 而因推而行之, 此聖人之知天命也.

⑤ 60세 무렵에 귀로 들으면 무슨 말이든 그대로 알아듣다.

60대에 이르면 이순耳順이 된다. 어떤 측면에서 이순은 자아실현이라기보다는 자아실현이 완성된 이후, 그것을 증명이라도 하듯이, 안정된 삶의 자세를 일러준다. 그래서 이순은 말을 듣고 말에 숨어있는 맛을 알아내는 작업, 혹은 말을 듣기 전인데도 마음으로 그 말의 의미를 알아챌 수 있는 상황이다.[21] 어떤 소리를 들어도 마음으로 금방 스며들어 거스르는 것이 없는 도통道統의 경지다.

그것은 어떤 차원에서는 듣기를 그만두는, 외부로부터 인위적으로 들어오는 것에 대해 삶의 상황으로 받아들이기를 거부하는, 자아실현의 한 결[一理]이다. 그러기에 또랑또랑하게 저절로 그윽하게 깨닫게 된다. 다시 부림을 받지 않은 후에야 깨우치게 된다. 판별하지도 않고 알지 못하면서도 최고의 법칙을 실천하게 되는 모습이다.[22]

21)『集釋』: 耳順, 文其言而知其微旨也.; 言心識在聞前也.

22)『集釋』: 耳順者, 廢聽之理也. 朗然自玄悟, 不復役而後得, 所謂不識不知, 順帝之則也.

⑥ 70세 무렵에 마음 내키는 대로 행동해도 법도를 넘지 않다.

이제 인생의 종점 무렵인 70대, 종심소욕불유구從心所欲不踰矩의 단계에 이르렀다. 이는 마음 내키는 대로 행동해도 모든 것이 법도인 모습이다.[23] 편안히 행동하면서도 저절로 삶의 길에 맞는 자아실현의 최종 증명이다.

70무렵의 온전한 인간인 성인은, 자신만이 홀로 다른 사람과 구분되는 성인다운 삶으로, 자기만의 삶의 양식으로 바꾸었다는 흔적을 지운다. 가득 차거나 비어있는 곳이나 상관없이, 삶의 바탕을 동일하게 여긴다. 성인은 삶의 미묘한 근본을 꿰뚫고 있기 때문에, 다른 술수나 트릭을 쓸 필요가 없다. 자연스럽게 삶을 진행하면 그만이다. 그러기에 어릴 때부터 힘써서 배움에 뜻을 두었다. 이것이 앞서 말한 절문節文의 공부다. 그리고 15세부터 배움을 껴안고, 수십년을 노력한 끝에, 그 공으로 말미암아 자신을 점차 이루게 되었다.[24]

유교의 학문 과정은 15세 무렵에 스스로 배움에 뜻을 둔 이후, 70대의 종심從心에 이르기까지, 착한 일로 일관하였다. 그리하여 법도를 넘어서지 않음을 귀하게 여겼다. 삶의 모든 일

---

23) 『集釋』: 從心所欲, 無非法也.

24) 『集釋』: 聖人微妙元通…黜獨化之跡, 同盈虛之質, 勉夫童蒙而志乎學, 學十五載, 功可與立.

들이 쉽게 실천될 수 있음을 보여주었고, 예禮로 요약하였다. 그 가르침을 실천한 본보기는 70대의 종심從心으로 드러났다.[25)]

자아실현의 완성된 모습! 이는 달리 말하면 배운 인간으로서, 사람다움의 최고 모습 — 성인聖人:成人이다. 사람다움의 최고 모습, 이른 바 성인은 일상에서 오랫동안 새로움을 추구한 결과, 드러나는 인간상이다. 그것은 반드시 10년 동안 배움으로 쌓은 후, 한번 씩 진일보하여 문명의 성숙을 이룬 후에 통달한다.[26)]

15세에서 70대에 이르는 긴 여정은 다음과 같은 3단계의 인격성숙 과정을 보여주는 것이기도 하다(신창호· 심경섭, 2009: 147-150).

첫 번째 단계는 15세에 학문에 뜻을 두고, 30대에 자립하며, 40대에 어떤 일에도 미혹되지 않는, '수양'의 경지이다.

두 번째 단계는 50대의 천명을 안 것으로, '깨달음'의 경지에 해당한다.

세 번째 단계는 60대에 귀로 들으면 무슨 말이든 그대로 알

25) 『集釋』: 自志學迄於從心, 善始令終, 貴不踰法, 示之易行, 而約之以禮. 爲敎之例, 其在玆矣.

26) 『集釋』: 聖人之所以爲聖人者, 以其有始有卒, 常久日新而已. 必積十年而一進者, 成章而後達也.

아들었고, 70대에 접어들어 마음 내키는 대로 행동해도 법도를 넘지 않은 배움의 '효과'를 증명한 경지이다.

다시 말하면, 배움으로 인한 인격 성숙의 과정은 첫 번째는 수양이요, 두 번째는 깨달음이며, 세 번째는 그것을 증명하여 효과로 드러나는 일이다.[27] 이는 인격 성숙의 과정에서 자아확립 – 자기실험 – 자기완성으로 정리할 수 있다(이은선, 1998). 즉 자아구현, 그리고 자아완성으로 이해할 수 있다. 그것은 훌륭한 인격을 구현한 작업이다. 선을 알고, 선을 바라며, 선을 행하는, 사고의 습관화, 심정의 습관화, 행동의 습관화를 성취한 것이다(Thomas Lickona, 2002: 72).

〈표2-1〉 공자의 자아실현 과정과 삶

과정	제1과정			제2과정	제3과정	
연령	15	30	40	50	60	70
삶의 특징	志	立	不惑	知天命	耳順	從心
삶의 경지	修境 (修養, 工夫)			悟境 (覺醒, 覺悟)	證境 (證明, 徵驗)	
자아실현 정도	자아확립			자아구현	자아완성	

인간 공자의 전 생애에 걸친 발달단계, 그 내용의 해석학적 의미hermeneutical meaning를 이해하기 위해, 에릭슨의 발달단계

27) 『論語集釋』: 曰志曰立曰不惑, 修境也. 曰知天命, 悟境也. 曰耳順曰從心, 證境也.

이론과 비교하면 도움이 될 듯 하다.

에릭슨(E. H. Erickson)에 의하면, 인간의 성격은 '신뢰 대 불신'에서 '통합 대 절망'에 이르기까지 전 생애에 걸쳐 발달해 간다. 프로이드(S. Freud)가 말한 것처럼, 유아기에서 성인기까지의 삶이 한 인간의 일생을 결정하는 것은 아니다. 그보다는 오히려 중년기와 노년기를 거치면서 한 인간의 사회적 발달은 계속되고, 삶의 영역은 점점 확대되어 간다. 보다 자세히 말한다면, 청년기에서 노년기를 거치며 '친밀감 대 소외', '생산성 대 침체', '통합 대 절망'이라는 단계를 넘어가면서, 인간은 '사

〈표2-2〉 에릭슨의 심리사회성 발달과 공자의 자아형성

8 노년기								통합/절망 **지혜**
7 중년기							생산성/몰입 **배려**	
6 청년기						친밀감/고립 **사랑**		
5 청소년기					정체성/혼란 **충직성**			
4 학령기				근면성/열등감 **유능감**				
3 소년기			주도성/죄의식 **목적**					
2 유년기		자율성/수치 **의지**						
1 유아기	신뢰/불신 **희망**							
에릭슨	유년 시절(15세 이전)					15세이후 ~30대 志學	30대~40대 而立, 不惑	50대 이후~ 知天命, 耳順, 從心
공자	자아의 미성숙 소학					자아의 성숙과 실현 대학		

랑'과 '배려', 그리고 '지혜'의 덕목을 갖추게 된다.

공자의 삶 역시 노년기로 갈수록 교육과 연구, 문화유산[경전]의 정돈을 통해, 사회적 영향력과 인격의 완성도를 높여간다. 이러한 공자의 발달 과정을 에릭슨이 말한 인생주기 8단계와 비교한다면 공자의 자기실현self-realization 과정 또는 인격의 성숙 과정을 전체적으로 조망해 볼 수 있다.

앞에서 언급한 것처럼, 공자의 유년기는 매우 불행하고 힘들었다. 그의 삶이 가져다 준 혼란과 충격으로 볼 때, 불신과 수치심, 죄의식과 열등감, 정체성 혼란을 겪었을 수 있다. 그러나 "15세 무렵 학문에 뜻을 두었고, 30세에는 뜻을 확고하게 세웠다"는 말에서 알 수 있듯이, 공자는 소년기에서 청년기에 이르러, 배움을 통해, 확고하게 자아정체성identity을 확립해 갔다. 40대 이후의 중년기에서 노년기에 이르러서는, 제자 양성과 경전 정리라는 생산적 작업에 몰입하였다. 이러한 헌신적 학문으로 인해, 이후에 계속 닥친 수많은 역경에도 꿋꿋하게 굴복하지 않을 수 있었다. 그리고 70세 무렵에 공자는 "내 마음이 하고자 하는 대로 생각하고 행동해도 사회규범에 어긋남이 없었다"고 말할 정도의 지혜로운 자기통합self-integrity의 경지에 도달한 것으로 판단된다.

요컨대, 15세 무렵에 배움에 뜻을 둔 이후, 학문의 최종 목표는 종심소욕불유구從心所慾不踰矩의 경지였다. 때문에 공자가 말한 연령에 따른 성숙단계의 구분은 결국 점진적 성숙 인격의 완성과정을 표현한 것이다(임능빈, 1984: 79).

이처럼 공자의 자아실현 과정은 자신이 일생동안 걸어간, 일종의 연보年譜다. 스스로 배움에 나아가는 차례를 순서 매기고 있는 점으로 볼 때, 그의 일생에서 핵심은, 학문을 사랑하는 애지자愛智者로서 '배움'에 있다(정 종, 1980: 333). 그 배움은 삶의 알파와 오메가로 마음에서만 존재한다. 나의 마음에 있는 것으로 다른 사람을 따르는 것이 아니다. 이런 점에서 자아실현은 나의 마음, 심心의 개방과도 통한다.[28] 그것은 인간의 심리 발달의 전 과정을 토로한 것이기도 하다(燕國材, 2003: 6). 그 열린 마음open mind이 유교에서는 인仁으로 함축된다.

28) 『集釋』: 此章眞夫子一生年譜, 自敍進學次第…可見聖人一生所重惟在於學, 所學惟在於心, 他非所與焉.

4. 자아실현과 배움의 맥락

유교의 자아실현은 '소학 – 대학'의 단계로 이해하면, 매우 단순하게 보인다. 그러나 소학의 "절문節文"에서 공자의 자아실현으로 나아가면, 심도가 깊어진다. 절문의 배움이 자아를 확인하는 과정, 즉 자아실현의 기초를 다지는 공부였다면, 공자의 자아실현은 그것을 바탕으로 수준 높게 진행된다. 특히, 공자가 제시하는 자아실현은 마음의 성숙 과정과 통한다.

공자가 15세에 배움에 뜻을 둔 것[志學]에서, 이립而立 – 불혹不惑 – 지천명知天命 – 이순耳順 – 종심從心으로 나아가는 단계는, 인간의 근본 임무가 무엇인지 마음에 새겼다는 의미다. '마음 가는 곳[之心]', 즉 '뜻志'으로 대변되는 자기 내면의 세계를 찾아, 자아실현의 과정으로 삼은 것이다.

이런 공자의 자아실현관은 삶의 테크네를 실현하려는 배움의 근본 목적과 맞닿아 있다. 배움을 통해 자아를 실현하는 일은 내면적 현실을 수용하고 표현하는 작업이다. 자신의 잠재능력과 가능성을 최대로 실현하려는 노력이다. 이런 차원에서 공자의 자아실현 단계는 배움의 과정, 그 자체의 전형이다.

다시 정리하면, 공자에게서 자아실현의 과정은 "수양 ⇨ 깨달음 ⇨ 효과[증명]"로 도식된다. 그것은 배움의 전 과정이 단계별로 접근하면서도 점진적이어야 함을 역설한다.

먼저, 수양에 해당하는 자아확립의 단계는 15세에서 40대, 학문에 몰입하는 시기이다. 유교에서 말하는 지도적 인격-리더십-을 갖추기 위한 공부는, 적어도 15년 이상 배움에 집중해야 한다. 그 후 10여 년은 배운 것을 응용하며 질적 승화를 거듭해나간다. 그리고 자신에게 주어진 사명감을 깨닫고 자기완성을 지향한다. 이를 표로 정리하면 〈표 2-3〉과 같다.

〈표2-3〉 유교의 자아실현과 삶의 의미

<table>
<tr><th>구분</th><th>자아실현
기초 시기</th><th colspan="3">자아실현
시기</th></tr>
<tr><td rowspan="3">유교의 자아실현관</td><td>자아확인</td><td>자아확립</td><td>자아구현</td><td>자아완성</td></tr>
<tr><td>기초행동
節文
일상의
형이하학 습득</td><td>배움
五經
일상의
형이상학 터득</td><td>깨달음
삶의 이치
일상의
형이상학 응용</td><td>증명
우주의 섭리
형이하-형이
상의 통합</td></tr>
<tr><td>小學
아동 · 청소년기</td><td>大學
성인초기</td><td colspan="2">成人
성인기</td></tr>
<tr><td rowspan="2">삶과 배움의 맥락</td><td>초 · 중 · 고교
배움
기초 예절
기초지식 습득
기초 교양
도덕 · 품성</td><td>대학 학문
고등 예절
전문지식 습득
고등 교양
윤리 · 덕성</td><td>직장

삶에의 적용</td><td>퇴직 후
계속 학습</td></tr>
<tr><td colspan="4">평생 학습
삶의 예술적 승화</td></tr>
</table>

제3부

맹자孟子

착할 가능성을 지닌 인간

긴장의 끈을 놓고 해이해진 마음

그것을 바로 잡는 배움

단상 3 착한 마음[善端]

맹자(孟子, 기원전 372년~기원전 289년)는 우리에게 성선설性善說의 상징적 인물로 각인되어 있다. 특히 어머니가 자식교육을 위해 세 번이나 이사를 다녔다는 "맹모삼천지교孟母三遷之敎"의 진원지다. 뿐만 아니라, 맹자가 학문을 하는 도중에 집으로 왔을 때, 어머니가 짜고 있던 베를 잘라버리면서 교훈을 주었다는 "맹모단기孟母斷機"는 교육의 모범을 보여주는 유명한 고사로 전해온다. 맹자는 유교의 창시자인 공자를 정통으로 계승한 사람으로 자부했다. 그의 사상은 다양한 방면에서 언급되지만, 배움과 관련하여 몇 가지로 분류할 수 있다.

첫째, 인간의 성품은 착할 가능성, 그 씨앗을 지니고 있다는 선단설善端說이다. 이는 흔히 성선설로 이해되지만, 인의예지仁

義禮智라는 착함의 단서를 지녔다는 점에서 성선의 씨앗이나 가능성, 잠재능력을 지닌 것으로 인식되는 선단설이 적확한 표현이다.

둘째, 공자의 인仁 사상에 의義:올바름 사상을 융합하였다. 이는 도덕 실천의 규범이자 왕도정치의 바탕이 되었다.

셋째, '기氣를 기르라'는 양기養氣의 학설을 주장했다. 그리하여 배움은 이런 사유들을 실천하기 위한 기초 양식으로 자리한다.

맹자 사상에서 핵심이라고 볼 수 있는 사람의 본성, 그 착함의 씨앗은 어떤 차원에서 논의된 것일까? 맹자는 이렇게 말한다.

> 사람들은 다른 사람들에게 차마 하지 못하는 마음을 지니고 있다. 어떤 사람이 어린 아이가 우물에 빠지려는 장면을 목격했다고 하자. 정상적인 사람이라면, 깜짝 놀라며 – 어이쿠! 저 애기를 어찌하지!? – 가슴 쓰라리게 마음 아파할 것이 분명하다! 그것은 어린 아이의 부모와 교제를 맺어 무언가 보상을 받기 위함도 아니고, 동네 사람들에게 칭찬을 받기 위함도 아니다. 이는 사람이라면 누구나 지니고 있는 착한 마음의 실마리 때문이다.

맹자의 생각은 정말 간단하고 감성적이다. 우리는 생활에서 수시로 벌어지는 삶의 측면에서 사람의 본성을 발견한다. 그런 측면에서 맹자는 지나치게 논리적으로 따지거나 다양한 상황을 고려하여 사태를 만들려고 하지 않는다. 그저 물이 아래로 흐르듯이, "사람의 본성도 착하다"고 규정했다.

사람이 착할 씨앗을 지니고 있다면, 악惡은 어디에서 유래하는가? 악함의 시초는 무엇인가? 맹자는 이를 '욕심欲心'으로 설명했다. 사람의 본성은 착할 가능성을 지니고 있다. 악은 인성의 자연스런 작용이 아니다. 악은 인성을 다하지 않은 결과에 불과하다. 예를 들어, 산에 오솔길이 있다고 하자. 사람이 자주 다니지 않으면 풀이나 나무가 그 길에 우거질 것이다. 그러면 길이 막혀 길의 역할을 할 수 없게 된다. 마찬가지로 착한 씨앗을 지닌 사람의 성품을 잘 펼쳐 쓰지 않으면, 다른 사물에 가려지고 끝내는 그것을 잃어버리게 된다. 그러기에 맹자는 인간에게 악이 생기는 이유를 착한 본성이 발현되지 않고 사람이 지나치게 욕망을 추구하기 때문이라고 보았다.

여기에서 본성 회복을 위한 도덕 행위가 요청된다. 인성이 착하기 때문에 사람은 이미 선천적으로 선의 윤리를 알고 있다. 중요한 것은 그 행위를 통해 옳음을 얻는 작업이다. 그것이 '의義'다. 의는 올바름으로 상징되는, 측은惻隱, 수오羞惡, 사양辭讓, 시비是非의 마음이다. 이는 사람으로서 본분을 다하려는 지적이고 도덕적인 특징을 지닌다.

심각하게 고려할 필요도 없이, 모든 사람이 착하고 마땅한 행동을 할 때, 세상은 밝아진다. 의는 착함으로 가는 인간의 길일뿐이다. 이런 의로운 행위 실천이 모여 인간의 올바른 생명력인 기氣가 된다. 맹자는 기를 기르는 일을 매우 중시했다. 이 기는 인간성의 착함을 발휘하는 가운데 있다.

기를 기르는 대표적 방법이 그 유명한 호연지기浩然之氣다. 호연지기는 착한 인간성을 믿고 돈독하게 하며 행동을 건실히 하는 상태다. 의가 쌓이고 쌓여야 호연의 기가 차게 된다. 단순히 산에 올라 "야호! 야호!"를 외친다고 호연지기가 길러지는 것은 결코 아니다! 그것은 허세를 부리는 사람들의 오해요 착각이다.

사람의 마음 – 착한 씨앗 – 은 잠재력으로 아주 조용히 숨 쉬고 있다. 그 기식氣息의 상황에서 사람들은 지나친 욕망에 사로잡히기 쉽다. 왜냐하면 희노애락의 세계, 수많은 물질적 유혹들, 그것이 즐비한 곳이 현실이기 때문이다.

삶을 영위하면서, 자기의 착한 마음을 펼치는 적절한 욕구를 팽개치고, 외물外物의 지나친 욕망에 이끌리면 곤란하다. 그것을 경계라도 하듯이, 맹자는 탄식했다. "사람들은 자기가 기르던 닭과 개가 도망가면 찾을 줄 알지만, 자기 마음을 잃고서는 찾을 줄 모른다. 사람의 배움은 놓친 마음을 구하는 것일 뿐이다[學問之道, 無他, 求放心]." 다시 말하면 배움은 헤이해진 마음을 바로 잡는 일! 긴장의 끈을 놓아버린 흐트러진 마음을 수습하는 작업! 그 이상도 이하도 아니다. 마음을 잡으라! 이는 조심

操心하는 태도를 일관되게 요구한다.

인간은 착할 가능성을 지닌 본성을 제대로 확충하면 누구나 훌륭한 사람이 될 수 있다. 문제는 인간이 그 본성의 착함을 놓아버리는 데 있다. 왜 선하려고 노력하지 않고 마음을 해이하게 만드는가? 왜 스스로 포기하는가? 선의 씨앗은 나에게 이미 구유되어 있는데. 참 안타까운 일이다. 그러기에 맹자는 자포자기自暴自棄하는 자, "스스로 포악해지는 사람과 함께 이야기하지 않고, 스스로 버리는 자와 함께 일하지 않는다"고 선언했다.

대신, 맹자는 호연지기를 기르는 일을 배움의 근본으로 삼으며 삶을 영위하는 사람, 그런 인간상을 대장부大丈夫로 표현하였다. 이는 공자가 건전한 인격자를 군자君子로 대표한 것에 비유된다. 대장부는 "이 세상의 어진 곳에 살면서 올바른 자리에 서고 옳은 길을 행한다. 뜻을 얻으면 다른 사람들과 함께 하고, 뜻을 얻지 못하면 홀로 그 도를 행한다. 부귀도 음탕하게 할 수 없고 빈천도 변하게 할 수 없으며 위세나 무력도 그 뜻을 굴복시킬 수 없는" 행동하는 지성이다.

이런 인간을 고대하면서 맹자는 동양의 역사에서 최초로 '교육教育'이라는 말을 화두로 던졌다. 그것은 배움의 전모가 어떤지를 일러 준다. 배움의 맥락은 건전한 인격자[君子]의 세 가지 즐거움을 논의하는 가운데 이해된다. "부모님이 생존해 계시고 형제들이 무사하게 잘 살고 있는 일 – 나 자신이 하늘을 우러러 부끄럽지 않고 다른 사람들에게 내놓아도 마음이 떳떳한 것 – 세상을 살아가는 평범한 사람[英才]을 건전한 인간으로 교육하는 것." 이 세 가지 즐거움 중에서 세 번째 즐거움에 이른바 '교육敎育'이라는 말이 자리하고 있다.

첫 번째 즐거움은 내 생명의 존재 근거 확인이다. 즉 내 삶을 가능케 한 근원根源을 이해하는 작업이다. 두 번째 즐거움은 부끄럽지 않은 인생과 관련되는 문제다. 이는 자기반성과 수양, 양심의 지속을 통해 달성할 수 있는 개인적 배움이다. 세 번째 즐거움은 교육이다. 이는 나 자신이 아닌 타인[英才]을 얻어 자신의 인덕人德과 학덕學德을 전하며 사회에 기여하는 데 무게 중심이 있다.

여기에서 배움은, 첫 번째 자신의 존재 근거 확인으로부터 두 번째 즐거움인 자기 배움으로 미끌어져 간다. 그리고 자기를 넘어 타자인 '영재英才를 얻어' 교육한다. 다시 말하면, '나는 누구인가?'라는 존재 확인으로부터, 수양의 과정을 거쳐, 자기 배움이 일정한 수준에 도달한 스승이 제자를 맞아 들여 교육하는 형상이다.

이는 개인이 지니고 있는 착한 마음이 지속적으로 확충되어 타자에게로 다가서는 삶의 연속적 사태다. 그리고 타자는 또 다르게 다가온 타자와 대화하며 배움의 상황을 구축한다. 상호 배움! 그리하여 맹자가 추구한 배움의 세계는 개인의 수양이 타인, 혹은 타인과 관계하는 사회 공동체로 확장된다는 점에서 사회성이 강하다. 그것은 개인의 배움이 공동체로 이어져 배움의 세계를 구축한다. 이는 타자 배려를 궁극 목적으로 한다. 그러므로 배움은 자기 배움을 기초로 타자 배려로 이어질 때, 완성에 한 발짝 다가선다.

1. 심학의 창출

유교에서 맹자는 공자의 다음 자리를 차지할 정도로 영향력이 막대한 인물이다. 스스로도 공자를 계승, 도통道統을 이어받았다고 자부했다.[1] 특히 심성론心性論과 배움 이론의 기초인 성선설性善說은 유교에서 인간의 본질을 들여다보는 표준으로 인식되기도 한다(孫培青, 2000). 즉 인류는 인의예지仁義禮智라는 본성을 지니고 있다. 그것은 도덕적이며 의식적인 사회 속성으로 금수禽獸와 구별되는 징표다. 그 선단善端의 확인은 최초의 도덕적 맹아를 발견한 것으로 볼 수 있다.

1) 『孟子』 「盡心」下: 孟子曰, 由堯舜至於湯, 五百有餘歲, 若禹皐陶, 則見而知之 …… 有文王至於孔子, 五百有餘歲, 若太公望散宜生, 則見而知之, 若孔子, 則聞而知之. 由孔子而來, 至於今, 百有餘歲, 去聖人之世, 若此其未遠也, 近聖人之居, 若此其甚也. 然而無有乎爾, 則亦無有乎爾.

선단善端은 선의 단서, 실마리다. 흔히 맹자의 성선설을 '인간의 본성은 선하다'는 사실로 규정한다. 그러나 이는 오해의 소지가 있다. 엄밀하게 말하면, '선하다'는 의미는 선의 실마리를 구유하고 있다는 말이다. 선천적 선단善端! 선善의 단서는 후천적으로 형성되는 것이 아니다. 그러므로 인간은 반드시 수양修養을 거쳐 이 선단善端을 확충해 나가야 한다. 그것만이 완전한 도덕적 인간으로 발전할 수 있는 확고한 담보다(董洪利, 1997). 선단善端을 보지한 인간성의 개인적 · 사회적 구현이 맹자 사상의 핵심이다.

여기에 중요한 차원이 있다. 본성本性을 제어하는 것이 마음[心]이라는 점이다. 인간의 심心, 성性, 정情, 재才, 다시 말하면 마음과 본성, 감정과 재주의 문제는 맹자 성선설에서 핵심 개념으로 부각된다. 많은 학자들은 성性에 대해, 성품性品, 본성本性, 자질資質 등 다양하게 번역하고 있다. 성이 어떻게 표현되건 놓치지 말아야 할 것은 이런 점이다. 성은 인간 개체가 자기완성을 향해 성장할 때, '생명력 전체生命力 全體'와 연관된다.

그런 연유인지, 맹자 사유의 결집으로 볼 수 있는 『맹자』에는 정치 · 경제 · 교육 등 다양한 사유가 담겨 있으면서도, 유난히 수양론修養論을 중시한다. 배움의 과정에서 무엇보다도 마음[心]의 다스림을 강조한다. 맹자뿐만 아니라 유교를 비롯한 동양의 학문學問은 개인의 수양修養 문제를 핵심에 두고 전개된다. 이 수양론은 배움의 중심 주제이고, 인간 삶의 본질적 측면이다. 그러므로 마음수양론은 배움의 내용이자 방법으로 이해된다. 요컨대 수양론은 마음의 배움 이론이다.

이는 『맹자』에서 심心자가 120번 이상 보이는 데서도 감지된다. 맹자에게서 심心은 대개 성선론性善論의 기초로서 양심良心이나 도덕심道德心을 가리킨다(楊澤波, 1995: 28). 양심과 도덕적 마음은 선천적이며 본래적이다. 맹자는 양심, 혹은 도덕심으로 대변되는 인의예지仁義禮智라는 사단四端의 확충擴充을 갈구했다.[2] 그러므로 지식과 사유의 측면이 강조되는 인지심認知心은 행위와 실천의 측면이 강조되는 도덕심道德心에 비해 상대적으로 중요도가 낮다.

심성의 수양 모습은 『맹자』 전편에 고루 나타난다. 특히, 고자告子와의 논쟁은 유명하다. 인성人性에 관한 목숨 건(?) 사상투쟁은 인성을 정돈하고 유교적 정통성을 확보하는 데 결정적 기여를 한다. 어떻게 보면, '버드나무로 술잔을 만드는 일' '막혀 빙빙 도는 물에 길을 터주는 것'에 대한 비유 등, 인성에 관한 논쟁은, 맹자의 일방적 선언으로 끝나고 있다.

조금만 꼼꼼하게 맹자의 주장을 분석해 보면, 맹자가 말한

2) 『孟子』「公孫丑」上 : 凡有四端於我者, 知皆擴而充之.

인성人性은 인심人心을 바탕으로 한 것이다. 이 인성은 본래 인의예지仁義禮智를 갖추고 있다. 그것은 앞에서도 언급했지만, 기본적으로 인의예지 자체가 아니고, 인의예지의 단서端緖다. 그러므로 그 단서를 확충하고 발전시켜야 비로소 인의예지가 된다. 이때 인성은 단지 인의예지의 '선단善端'일 뿐이다.

또 측은惻隱, 수오羞惡, 사양辭讓, 시비是非의 마음은 감정[情]에 속하는 것이기 때문에, 선단을 지니고 있더라도, 선善 이외의 것으로 추락할 가능성을 배제할 수 없다. 선을 추구하거나 발휘하지 않으려고 할 때, 선을 가릴 수 있는 욕망이 개입할 때, 불선不善이나 악惡의 근원이 될 수도 있다는 말이다. 여기에서 맹자의 사유가 빛을 발한다.

맹자는 선단善端이 선善으로만 확충해가는 한 면만을 들어 강하게 논의한다. 그것은 강력한 선의지善意志다. 인간성의 선함에 대해, 맹자만큼 아둔할 정도로 고지식함을 발휘한 사상가는 없으리라. 선善 이외에는 아예 생략하고 논의조차 하지 않았다. 이런 맹자의 사고는 불선不善은 성性에 속하지 않는다는 고자의 본성本性에 관한 논의를 도외시한 것으로 보인다.

맹자는 「진심盡心」에서, '인간 개체의 마음을 어떻게 닦아 갈 것인가' 라는 구체적 고민을 털어 놓는다. '인간이란 무엇인가?' 인간에게서 핵심인 마음을 어떻게 다루어야 하는가? 여기에서 말하는 마음[心]은 몸[身]과 따로 분리된 것이 아니다.

서양 철학에서는 데카르트 이후, 심신이원론心身二元論의 문제가 논쟁의 초점이 되었다. 본질과 현상, 정신과 육체, 의식과 물질 등등이 서구철학의 주류를 형성했다. 그러나 20세기 들어와서 몸의 현상학 등 신체에 관심을 보이며 몸과 마음의 문제를 새로운 차원에서 보기 시작했다. 하지만, 동양에서는 애당초 심신을 한 몸의 통일된 양식으로 이해했다. 실제로 몸[身]과 마음[心]은 동일한 몸[己]의 구조일 뿐이다. '나'라는 인간 개체에 구현된 조건 전체.

맹자는 인간의 조건 전체를 선의 가능성으로 이해했다. 그 선의 가능성이 사단四端이었다. 이 사단은 인간이라면 누구나 갖추고 있었다. 그렇지 않다면 인간이 아니었다. 인간이 선한 존재로 성장하고 성숙하는 것은 사단의 확충을 통해 가능했다. 이처럼 맹자는 마음[心]을 둘러싸고, 인간의 삶을, 선의 가능성에서 선한 존재로 일방향으로 배워나가도록, 강력한 사고를 펼쳤다.

정돈하면, 마음의 다스림을 강조하는 맹자의 사상은 일종의 심학心學이다. 그렇다고 맹자가 주장하는 마음의 다스림이 서구 심리학처럼 단순히 마음을 분석하거나 관찰하는 차원은 아니다. 그것은 마음[心]으로 상징되는 인간의 몸을, 배움으로 투영하는 작업이다. 그 일차적 관건이 수양修養이다. 선한 마음에 바탕한 "구방심求放心"이나 "부동심不動心"도 그런 차원에서 논의된다. 선의 가능성을 중심으로 끊임없이 자기 확대를 계속해 나가는 공부! 여기에서 인간이 어떤 이상을 지향하는 목적적 존재인지 확인된다.

2. 마음과 욕망

맹자가 심心을 강조한 이후, 중국철학에서 심心은 사상의 중심에 있다고 해도 과언이 아니다. 끊임없는 사상 논변을 거치면서, 다른 개념과 연계되면서, 그 의미는 확대되었다. 그리하여 심은 심장은 물론이고 이성이나 정신, 영혼, 감성이나 의지, 욕망, 신체까지도 총괄하는, 인간 전체를 상징하는 용어가 되었다.

심心은 심장心臟의 모습을 본뜬 글자이다. 갑골문에서는 심장의 실제 모습을 그렸다. 안쪽은 심장의 판막을 바깥쪽은 대동맥을 보여준다. 편방으로 쓰일 때는 글자의 균형을 고려하여 심忄으로 쓴다. 그런데 고대 중국인들은, '생각하다' 라는 뜻의 사思나 상想이 보여주듯이, 일반적으로 사람의 생각이 두뇌가 아닌 심장에서 나온다고 이해했다.

서구의 경우에는 대부분이 두뇌에서 이성적 기능을 발휘한다고 본다. 하지만, 동양의 경우 사고가 달랐다. 때문에 심과 결합된 한자들은 대부분 감정이나 심리, 사상 활동과 관련되어 있다. 그러다 보니 사람의 성품도 마음에서 결정된다. 심은 몸의 한 가운데 있고 생명을 유지하는 가장 중요한 기관이다. 그래서 중심中心이나 핵심核心이라는 뜻을 가진다.

이런 의미는 다른 사물에도 확장된다. 예컨대, 식물의 생장을 가능케 하는 긴요한 존재인 꽃술을 나타내는 글자인 예蕊처럼, 생물체의 핵심이란 의미도 지닌다. 예에는 심자가 셋이나 들어 있다. 이는 심의 의미가 핵심 중의 핵심임을 강조한 것이리라.

요컨대, 심은 원래의 의미인 심장을 가리키던 말인 동시에 사고의 중추다. 단순히 어떤 사실 인식의 기능만이 아니라 양심과 같은 윤리적 가치 판단의 기능도 함께 지니고 있다(최재목, 2005: 159-160).

이런 심의 의미와 역할, 작용의 문제는 선진先秦 때 나타난다. 『역경易經』에서는 "감정 심리感情 心理"로 그 모습을 드러냈고, 『상서尙書』에서는 "선악심善惡心"으로, 『시경詩經』에서는 "덕심德心"으로 표현했다. 앞의 자아실현 과정에서도 다루었지만, 유교의 집대성자 공자의 경우, 그의 인생 역정의 마지막 단계에서 "종심소욕불유구從心所慾不踰矩"란 언명으로 심心의 모습을 간접적으로 보여 주었다. 이때 공자가 말하는 심心은 세 층層을 지니고 있다. 첫째는 내면적 마음이고, 둘째는 욕망慾望이며, 셋째는 주체적 사유와 도덕의식이다(張立文, 1996). 이런 문제가 인의仁義를 둘러싸고 벌어지는 유교 심학의 본령을 이룬다.

유교 심학의 기원은 이른 바 '16자 심법十六字心法'으로 통칭되는『서경書經』「대우모大禹謨」의 구절이다.

인심유위人心惟危
도심유미道心惟微
유정유일惟精惟一
윤집궐중允執厥中

이 단말마 같은 열여섯 글자를 어떻게 인식하느냐? 그에 따라 유교 심학은 요동쳤다. 문자 그대로 직역하면 다음과 같다.

사람의 마음은 위태롭기만 하다
순수한 마음은 숨겨져 있기만 하다
자세하고도 한결같은 [그 마음]
진실로 그 가운데[마음]를 잡아라

언뜻 보기에는 '마음을 잡고 지키라'는 소리 같다. '조심操心하라'는 의미인가? 그런데 잡아야 하는 마음은 무엇이지? 그 역할과 기능은 어떤 것이지? 그것이 구명되어야 어떻게 잡을 것인지, 말 것인지 알지! 이는 마음을 탐구하여 인지할 때, 해결될 문제인 듯하다.

16자 심법은 마음을 두 가지로 극명하게 대비해 놓았다. 이런 경우, 오엑스OX 문제처럼, 시비是非 판단이 분명해진다. 두 마음은 인심人心과 도심道心이다. 이 무엇인가? 사람의 마음인 인심人心은 그래도 어느 정도 이해간다. 현실에서 드러나는 마음들, 예컨대, 식욕食慾이나 수면욕睡眠慾, 성욕性慾 등 우리가 일상에서 겪는 욕심이나 욕망이 있기 때문에.

그런데 도심道心은, '도道'라는 말의 불가사의(?) 때문인지 상대적으로 난해하다. '길의 마음'이라고 바로 풀이해도 말이 어색하다. 도심道心은 통상 '하늘의 마음'이라고 하는데, 이 또한 오해의 소지가 있다. 기독교의 영향 때문인지 하나님과 하느님, 하늘님 등등, 범주의 혼동이 생기기도 한다.

도심은 욕심이 생기기 이전, 욕망으로 물들기 이전의 순순한 마음, 순수심이다. 그것은 선의 덩어리로, 본래 있던 그대로의 자연스런 마음, 깨끗하고 청정한 마음을 일컫는다.

요컨대, 인심/도심은 욕망/순수로 대비되는 마음의 두 축을 표현한 언표다.

이런 점에서 유교는 인심도심人心道心의 이해와 파악에 따라, 인간이 무엇을 지향해야 하는 지, 배움의 표준을 지시한다. 유교는 도심이라는 자연의 질서[天]에, 인심의 무질서[人]를 녹여 넣으려는 인간의 자기 조절을 강조한다. 그러기에 유교는 천인합일天人合一을 지향한다. 맹자의 성선性善 의식도 그런 천도天道와 도심道心을 염원한다. 맹자는 인간 전체를 포괄하는 중추中樞로서 마음과 관련하여 다음과 같이 표현했다.

> 마음心을 다하는 자는 성性을 안다. 성性을 안다면 자연[天]도 알 것이다. 마음을 보존하여 성을 기르는 것은 자연을 섬기는 일이다. 일찍 죽건 오래 살건 상관없이 몸을 닦고 기다려라. 그것이 명命을 세우는 일이다.[3)]

맹자의 언급은 이렇게 풀이할 수 있다. 인간은 진실로 자기 마음을 다했을 때, 자기 본성을 알 수 있다. 또 본성을 부여한 자연의 섭리를 알 수 있다. 그 이유는 맹자가 선언한 "인간 개체의 마음에는 세상의 모든 가능성이 갖추어져 있다"[4)]는 언표 때문이다.

---

3) 『孟子』「盡心」上 : 孟子曰, 盡其心者, 知其性也, 知其性, 則知天矣. 存其心, 養其性, 所以事天也, 殀壽不貳, 修身以俟之, 所以立命也.

4) 『孟子』「盡心」上 : 萬物, 皆備於我矣.

마음에 갖추어진 선의 잠재태는 선단善端이다. 인간은 그것을 발출하면서 선의 확충 행위를 시작한다. 따라서 선善한 마음을 다하면 자기의 본성本性이 선해질 수 있고, 그 선함을 바탕으로 하늘이 우리에게 부여한 역할과 사명을 지켜 행할 수 있다. 그러기에 가장 핵심적인 문제로 마음을 다하고 몸을 닦아서 자기 책임에 충실함을 들었다. 개체의 내면 깊숙한 심성心性의 믿음, 선성善性의 자각. 이 선한 마음의 수양이 유교가 의도하는 배움의 근거다.

그렇다면 심心－성性－천天－명命은 어떤 관계일까? 왜 마음을 지키며 몸을 닦는 것이 근본적인 일이었을까? 주희는 그것을 이렇게 풀어내었다.

> 마음[心]은 사람이 지니고 있는, 헤아려 밝힐 수 없는 그 무엇이다. 여기에는 세상의 모든 이치가 갖추어져 있어 세상만사가 이에 응할 수 있다. 성性은 마음에 갖추어져 있는 이치[理]이고, 천天은 이치가 따라서 나오는 것이다. 사람의 마음은 완전하다. 그러나 이치를 캐물어 파악하지 않으면 가리어진 것이 있어 마음을 모두 헤아리지 못한다. …… 이미 그 이치를 헤아려 알면, 이에 따라서 나오는 것도 여기에서 벗어나지 않을 것이다. …… 마음을 다하고 성性을 알아서 우주의 법칙과 사물의 질서를 아는 일은 그 이치를 터득한 것이다. 마음을 보존하고 성을 길러서 우주적 질서를 존중함은 그 일을 실천하

는 것이다. 그러므로 그 이치를 알지 못하면 진정으로 그 일을 실천할 수 없다. 그러나 그 이치를 터득하기만 하고 실천하지 않는다면, 이것들을 자기 몸에 보존할 수가 없다.[5]

마음은 인간 스스로도 헤아릴 수 없는 묘한 그 무엇이다. 텅 비어 있으면서도 신령스러운 것으로, 이것 자체가 마음의 본체가 된다. 예컨대 눈과 귀가 보고 듣는 까닭은 이 마음이 있기 때문이다.[6] 마음은 형상이 없다. 쓰임에 따라 세상만사를 비춰 볼 수도 있고, 알 수도 있는 불가결정의 가능성 덩어리다.

그러나 그것은 선성善性이라는 전제로 말미암아 늘 밝은 방향으로 나아갈 잠재력을 지니고 있다. 이것이 이성적 판단에 의해 구체적 행위로 드러날 때, 인간은 자기 자신의 구체적 실천과 행동의 방향을 지니게 된다. 그러기에 심心과 성性, 천天과 명命은 인간의 자각적 의지와 행위가 지향하는 방향성과 경향성이다. 인간은 그것의 지속 가능성을 추구한다. 이는 선성善性이라는 본질을 인간 스스로가 파악하고 부여한 인간의 자각에

---

5) 『孟子』「盡心」上: 心者, 人之神明, 所以具衆理, 而應萬事者也. 性則心之所具之理, 而天, 又理之所從, 以出者也. 人有是心, 莫非全體, 然不窮理, 則有所蔽, 而無以盡乎此心之量. …… 旣知其理, 則其所從出, 亦不外是矣. …… 盡心知性, 而知天, 所以造其理也, 存心養性, 以事天, 所以履其事也, 不知其理, 固不能履其事, 然徒造其理, 理不履其事, 則亦無以有諸己矣.

6) 『性理大全』「性理」4(心): 虛靈自是心之本體, 非我所能虛也, 耳目之視聽, 所以視聽者, 卽其心也.

기인한다.

이런 점에서 맹자의 심성론心性論은, "가치의식이 자각심自覺心에 내재하거나 가치의식을 자각심이 본래 가지고 있다"고 보여진다. 뿐만 아니라 "가치 근원은 자각적 주체에서 나온다." 그러므로 마음은 주체적이고 능동적 운동의 가능성을 지닌다(노사광, 1986).

『대학』에서는 이런 자각, 선성善性 유지의 조건을 다음과 같이 제시했다. 그것은 마음을 바르게 하는 일상생활의 조건이다.

> 분노에 의해 기분이 뒤집히면 마음은 바른 위치에 있지 못한다. 공포에 의해 어지러움을 느끼면 마음은 바른 위치에 있지 못한다. 무엇에 대해 특별한 애착을 지니면 마음은 바른 위치에 있지 못한다. 어떤 고민으로 괴로움을 당할 때 마음은 바른 위치에 있지 못한다. 마음이 바르게 보존되어 있지 않으면, 보아도 보이지 않고 들어도 들리지 않고 음식을 먹어도 맛을 모른다.[7)]

생활에서 분노, 공포, 애착, 고민 등은 마음을 혼란스럽게 한다. 마음의 혼란은 인간 선성善性의 산일散逸이다. 심心의 와해

7) 『大學』「傳7章」: 心有所忿懥, 則不得其正, 有所恐懼, 則不得其正, 有所好樂, 則不得其正, 有所憂患, 則不得其正. 心不在焉, 視而不見, 聽而不聞, 食而不知其味.

상태다. 이는 결국 천명天命이라는 순수한 선단善端의 심心을 불연속성 속에 던져 놓는다. 왜냐하면 주희의 표현처럼, 인간의 마음은 "텅 비어 있으나 신령스럽고 어둡지 않은 것[虛靈不昧]"으로 무한한 가능성의 세계이기 때문이다.

이런 마음의 의지적 표출에 따라, 인간의 모든 환경이 새롭게 조망될 수 있다. 마음의 움직임에 따라 사유의 질과 형태도 달라진다. 이런 점에서 마음의 문제는 다음과 같이 정리되기도 한다.

> 마음[心]은 일종의 수뇌이다. 그 작용은 인류의 모든 지능과 재능을 통어統御할 수 있다. 이 마음은 작용일 뿐 아니라 본체이기도 하다. 마음이 본체이기 때문에 무한한 양태의 모든 사상을 자신 속에 포함하고, 일반적인 의미에서 모든 종류의 사물을 지배할 수 있다. 마음의 작용은 여러 가지 방식으로 사물에 자발적으로 작용한다. 마음은 신체의 주인 노릇을 하거나 외형의 군주가 되기도 하고, 도道의 주인 노릇을 하거나 생生의 근본이 되기도 한다. 이성 속에 침투하여 신명神明에 변화를 일으키기도 하고, 정情에 깃들어 사랑의 은혜를 베풀고 정성스럽게 되기도 한다(方東美, 1983: 87).

마음은 혈액의 순환이라는 제한된 작용을 하는, 단순한 심장으로서 인간의 신체기관을 넘어서 있다. 앞에서 언급한 것처럼, 심心은 상형자로서 인간과 동물의 심장을 본떠서 만든 것이라고 한다. 하지만 심心은 정신 영역으로 승화하여 인간의 전체를 규정하는 형이상학적 개념으로 발전했다. 인간 행동의 변화만큼이나 여러 가지가 복잡하게 얽힌 인간 구조를 종합적으로 안고 있는 신령한 것이다. 다시 말해 심心은 신체를 주재하는 것일 뿐 아니라 인간 정신 활동의 중추다(張立文, 1996: 25).

조선 성리학의 거봉, 율곡의 경우도 마음을 종합적이고 포괄적인 의미로 받아들였다. "마음은 성정性情을 통괄하는 것"이며, "도道의 형체인 성性의 성곽"이라는 선학의 의견을 존중했다.[8] 그러나 그물망으로서 마음 — 성性 · 정情 · 의意 · 지志 — 에 대한 설명은 하나의 길 위에 다른 이름을 가진 것으로 이해된다. 그것은 심心의 현상에 따라 달리 보인다(황의동, 1987).

마음의 고요한 상태[未發]가 성性이고, 펼쳐져 겉으로 드러나 움직이는 것[已發]이 정情이다. 그리고 정情에 따라 인간이 생각하며 행동으로 옮기는 것이 의지意志다. 이 심心의 그물망은 모두 함께 연관되어 있다. 어느 하나를 따로 떼어서 생각할 수 없다. 이런 종합적이고 복합적인 통일체가 바로 마음이다.

요컨대, 유교에서는 인간 몸의 여러 가지 현상을 포괄하는 정신적 운동의 총체로서 마음을 이해했다.

8) 『聖學輯要』「窮理章」: 橫渠曰, 心統性情者也.; 邵子曰, 性者, 道之形體也, 心者, 性之郛郭也.

3. 부동심과 호연지기, 그리고 지언

이렇게 마음을 파악한 인간은 어떤 행위를 지향해 왔을까? 선의지善意志를 높여 갔음은 당연하다. 그 과정에서 선악善惡의 공존을 기피하는 중요한 발상이 있다. 의도적으로 선善을 지향하는 수양과 교화敎化라는 배움의 장치가 그것이다.

이런 배움의 장치는, '인간은 늘 세계와 접촉하고 있다'는 데서 발생한다. 세계와 접촉한다는 것은 상호간의 의사소통이며 이해의 과정이다. 그런데 바깥 사물을 항상 접하고 있는 인간은 행위의 지향을 위해 어떤 기준을 필요로 한다. 그 기준은 마음의 이해 여하에 따라 출입出入이 있다. 왜냐하면 심리의 발동에 따라 인간의 욕심이 달라지기 때문이다. 욕심은 새로운 사물을 대할 때마다 차원을 달리하게 마련이다. 현실적인 이익이 있을 때, 보다 간절하다.

여기에서 현실적 이익의 추구를 우선시하는 인욕人慾을 어떻게 조절할 것인가? 이것이 배움 과정에서 문제의 핵심이다. 그래서 유교는 그것을 알맞게 조절하여 없애 나가고, 천리를 회복하여 지속적으로 보존하려는 지적 운동에 초점을 맞추었다. 이를 "존천리 알인욕存天理 遏人欲", 혹은 "존천리 거인욕存天理 去人欲"으로 표현한다.

인간의 욕심은 어디에서 나오는 것일까? 생리적 욕구는 모든 동물에 공통적이다. 그러나 이성적 욕구는 인간의 독특한 정신 영역이다. 이 정신 영역의 통합체를 마음으로 볼 때, 인간의 욕심은 마음으로부터 나온다. 인욕人慾은 내재적 마음의 표출이다. 이 마음은 인간 스스로 품고 있지만, 표출된 결과는 원래의 의도와 같지 않은 경우가 많다. 유교는 이 벌어진 간격을 최대한 줄이고자 끊임없이 방법적으로 고민한 학문의 체계였다.

그렇다면, 인간 자신조차 헤아리기 힘든 마음을 어떻게 다스릴 수 있는가? 어떤 깨달음의 방법, 배움의 과정을 거쳐야 하는가? 그 학문의 방법에 대해, 맹자는 아주 간단하게 처리한다.

> 학문의 길은 다른 것이 아니다. 풀어진 마음, 해이해진 마음을 굳게 다잡는 일일 뿐.[9]

---

9)『孟子』「告子」上: 學問之道, 無他, 求其放心而已矣.

학문의 길, 배움의 길은 너무나 간단하다. 긴장의 끈을 놓고 있는 마음을 잡아라! 마음은 텅 비어 있으면서도 신령하기 때문에 어떻게 잡느냐에 따라 다르게 표출된다. 이미 긴장의 지속 상태에서 선을 잘 보존하고 있다면, 그 지속력을 확보하는 작업이 문제다. 그런데 선단善端이 와해되어 해체 일로에 있다면, 그것을 추스르는 작업이 일차적인 문제다. 이런 인식에는 '마음'이 인간 행위를 궁극적으로 결정한다는 전제가 깔려 있다.

맹자에게서 마음을 바로 잡는 학문學問, 즉 '배우고 묻는 일'은 삶에서 자기를 추스르는 마음의 조절에 다름 아니다. 선단善端의 마음을 놓치지 않고 잘 보존하는 일이 기본이다. 불은 작은 불씨를 지속시키면서 불씨를 지펴야 피어난다. 선단善端은 작은 불씨이다. 이를 지속하여 인간 행위 전체를 이끌어 가는 것이 학문이었다.

율곡도 '놓친 마음을 거둬들이는 일'을 학문의 기초로 삼았다. 율곡은 배움에 대해 어떤 생각을 했는가?

> 옛 사람은 스스로 밥 먹고 말할 수 있을 때부터 바로 배웠다. 행동마다 잘못이 없게 하고, 생각마다 지나친 것이 없게 하여 그 양심을 기르고 덕성을 높일 수 있게. 그리하여 어느 때 어느 일이거나 그렇지 않은 것이 없도록. …… 요즘 사람들

> 은 어렸을 때부터 이런 공부는 제대로 하지 않고, 지름길로 이치를 궁구하고 몸을 닦으려고만 한다. 때문에 마음이 혼란해지고 행동이 규범에 어긋나서, 공부를 한 것 같기도 하고 그렇지 않은 것 같기도 하여 결코 성공할 수가 없다 …… 많은 사람 가운데 있더라도, 항상 자기 자신이 있다는 것을 안다면, 일이 없을 때는 비어 고요하게 본체를 기를 수 있고, 일이 있을 때는 밝게 살펴서 펼쳐 씀을 바르게 할 수 있으리라.[10)]

이런 생각은 율곡을 비롯하여 주희의 사상을 받아들인 조선 지성들의 보편적 인식이었다. 그들은 성선性善 의식을 적극적으로 믿었다. 그리하여 마음이 선善으로 나아가도록 유도하는 데 심혈을 기울였다. 이것이 유교가 추구한 배움의 본질이다.

맹자는 이러한 학문의 구체적인 방법론으로 그 유명한 부동심不動心과 호연지기浩然之氣, 지언知言을 강조했다. 이는 『맹자』「공손추」에서 제자와의 대화를 통해, 잘 드러나고 있다. "부동심不動心에 방법이 있느냐?"는 제자의 질문에 맹자는 '방법이 있다'고 답한다. 북궁유와 맹시사라는 사람은 용맹을 잘 길렀다. 피부가 바늘 같은 데 찔려도 흔들리거나 눈동자 하나 깜짝이지 않을

---

10) 『聖學輯要』「收斂章」: 收放心, 爲學問之其址, 蓋古人, 自能食能言, 便有教, 動罔或悖, 思罔或逾, 其所以養其良心, 尊其德性者, 無時無事而不然. …… 今者, 自少無此工夫, 徑欲從事於窮理修身, 則方寸昏擾舉止踰違, 其所用功, 若存若亡, 決無有成之理. …… 雖在千萬人中, 常知有己, 則無事而虛寂, 可養其體, 有事而照察, 可正其用.

정도였고, 싸움에서는 반드시 이겨야 직성이 풀리고 두려움조차 없는 용기를 지녔다. 이들은 어떤 상황에서도 흔들림이 없었다.

그러나 맹자는 이보다 더 중요한 문제를 제시한다. "스스로 돌이켜 보아서 곧다면 어떤 두려움도 이겨낼 수 있다."[11] 스스로 곧음, 이는 곧음이 함부로 흔들리지 않는 마음의 요건임을 의미한다. 이어서 마음의 수양, 곧음이 겉으로 표출되는 대화가 이어진다.

공손추: 선생님께서 얘기하시는 부동심不動心과 고자告子가 말하는 부동심에 어떤 차이가 있습니까?

맹 자: 고자는 말하는 것에서 얻지 못하면 마음에서 찾지 말고, 마음에서 얻지 못하면 기에서 찾지 말라고 했다. 그런데 마음에서 얻지 못하면 기에서 찾지 말라고 한 것은 어느 정도 수긍할 수 있으나, 말에서 얻지 못하면 마음에서 찾지 말라고 한 것은 옳지 않다. 의지는 기를 이끄는 것이고 기는 몸에 가득 차 있는 것이다. 의지가 이르는 곳에 기가 부차적으로 따르게 마련이다. 그러므로 그 의지를 꼭 잡고 있되 또한 기를 난폭하게 만들지 말라고 말한 것이다.[12]

---

11) 『孟子』「公孫丑」上: 自反而縮, 雖千萬人, 吾行矣.

12) 『孟子』「公孫丑」上: (公孫丑)曰, 敢問夫子之不動心, 與告子之不動心, 可得聞與. 告子曰, 不得於言, 勿求於心, 不得於心, 勿求於氣. 不得於心, 勿求於氣, 可. 不得於言, 勿求於心, 不可. 夫志, 氣之帥也, 氣, 體之充也. 夫志至焉, 氣次焉. 故曰, 持其志, 無暴其氣. 旣曰, 志至焉, 氣次焉.

마음을 움직이지 않는 방법적 논의! 부동심의 인식에서 맹자와 고자의 결정적인 차이는 "말에서 얻지 못하면 마음에서 찾지 말라"는 언급이다.

고자의 부동심은 다른 사람이 하는 말이 이해가 가지 않는 것이 있더라도 마음에서 이해하려 애쓰지 말고, 마음으로 이해가 가지 않는 것이 있더라도 기의 도움으로 이해하려고 애쓰지 말라는 의미다. 다시 설명하면 다른 사람의 말에 이해가지 않는 점이 있다면 이해가지 않는 대로 내버려두고, 마음으로 생각할 것이 없다. 또한 마음으로 납득되지 않는 점이 있다면 그 마음을 억제해 버리고 기를 움직일 필요가 없다는 뜻이다. 고자의 이런 발언은 나 바깥의 외부로부터 구하는 방식이므로 마음과 말 사이에 단절이 개입되어 있다. 이런 방법은 얼핏 보면 마음을 움직이지 않는 가장 빠른 방법이 될 수도 있다(이가원, 1975: 199-120).

그러나 맹자는 마음과 말의 연속성을 강조한다. 그리고 자기 내부로부터 구하는 방식을 취한다. 그러기에 "말을 안다고 하는 것이 무엇입니까?"라고 묻자, "편벽된 것에 가려져 있음을 아는 것, 방탕한 말에 빠져있음을 아는 것, 부정한 말에 괴리됨을 아는 것, 도피하는 말에 논리가 궁색함을 아는 것, 이런 것은 바로 그런 마음에서 생겨난다"[13]고 했다. 맹자는 사람의 말

13) 『孟子』「告子」上: 何謂知言. 曰詖辭, 知其所蔽, 淫辭, 知其所陷, 邪辭, 知其所離, 遁辭, 知其所窮, 生於其心.

이 모두 마음에서 나오기 때문에, 마음이 바른 이치에 밝아서 가림이 없어야 말이 공평하고 올바르며 통달하여 병통이 없을 것으로 보았다.[14)]

부동심이 '외부로부터 주어지느냐' '내부로부터 다져지느냐'의 문제는, 실심實心의 차원에서, 유교의 배움이 어떤 진정성을 추구하는지, 그 기준을 제공한다. 맹자는 고자와 달리 알찬 마음이 내부로부터 차곡차곡 다져지는 공부를 인격의 핵심 가치로 여겼다. 이런 방식이 진정한 배움과 직결된다.

지언知言은 말의 잘못된 기능에 대해 그 폐해를 지적한 것이다. 지언의 달인들은 말의 뿌리가 되는 마음을 알아야 하는 상황에 직면한다(송봉구, 2000: 322-323). 말을 안다는 것, 지언知言은 궁극적으로 이어서 설명할 호연지기浩然之氣의 결과로 표출된다. 언사言辭와 시비是非, 선악善惡을 변별하는 능력으로, 마음과 맞닿아 있는, 내부로부터 전개되는 인간의 표현 양식이다(董洪利, 1997: 100-103). 따라서 부동심에서 지언으로 이어지는 사태는 가장 먼저 '자신의 마음을 잡으라!'는 수렴론收斂論으로 귀결된다. 어떤 경우에도 인간의 마음은 몸으로 표출되어 나올 말과 행위의 근원이기 때문이다.

---

14) 『孟子集註』「告子」上 : 人之有言, 皆出於心, 其心, 明乎正理而無弊然後, 其言, 平正通達而無病.

노사광(1986)은 "의지[志]는 마음[心]과 같은 것이다. 글자만 바꾸었지 의미를 바꾸지는 않았다"고 주장하며, "의지 – 마음은 동정動靜의 구별만이 있을 뿐"이라고 했다. 그런데 부동심不動心은 '마음자체가 움직이지 않는다는 말'이 아니다. '착한 싹'이라는 인간 성품인 사단四端을 전제하고, 이를 체험하고 확충하려는 마음을 지니고, 계속 수양해 나가야 한다는 배움의 터득이다. 선단善端이 아닌 마음의 표출을 막는 일이자 선단善端의 보호 행위다.

어떻게 하면 부동심의 경지에 이를 수 있는가? 그것의 구체적 방법이 호연지기浩然之氣를 기르는 일이다.

공손추: 선생님께서는 남들과 달리 무슨 장점이 있습니까?
맹　자: 나는 말을 알며, 호연지기浩然之氣를 잘 기른다고 느끼고 있다.
공손추: 무엇을 호연지기라고 합니까?
맹　자: 말로 설명하기 어렵다. 그 기됨이 지극히 크고 지극히 강하니, 정직함으로 잘 기르고 해침이 없으면, 호연지기가 천지 사이에 꽉 차게 된다. 기 됨됨이 의義와 도道에 짝하니 이것이 없으면 사람은 굶주려 기가 충만하지 못하게 된다. 이 호연지기는 의리가 많이 축적되어 생겨나는 것이다. 의는 하루아침에 갑자기 엄습하듯 오는 것이 아니다. 행하고서 마음에 부족하게 여기

는 것이 있으면 호연지기가 굶주리게 된다.[15]

호연지기浩然之氣에서 호연浩然은 "매우 성하여 유행하는 모양"이다. 그리고 기氣는 "몸에 꽉 차 있는 활동적 에너지"다. 그렇다면 호연지기는 "매우 성하고 유행하는 활력이 몸에 꽉차 있는 것"이다.[16] "기됨이 지극히 크고 지극히 강하다"는 말은 기의 존재 상황이다. 호연지기에서 기는 가장 크다. 가장 강하다. 그러기에 기는 크고 강한 활동성이자 생명력의 충만이다.

문제는 곧음으로 잘 기르고 해치지 말아야 한다. 기는 묘목의 싹처럼 제반적 조건만 주어지면 저절로 잘 자라는 속성을 지니고 있다. 효과를 미리 기대하지 말아서 마음에 잊지 말아야 한다. 또한 조장해서도 안 된다.[17] 자연스럽게 길러가야 한다. 여기에서 일상의 지속이 강조된다. 따라서 배움은 일상에서 꾸준히 이루어져야 하는, 기의 일상적 충만을 확보해야 한다.

일상에서의 의리와 도리를 마음에서 놓치지 않으면, 그것이 차곡차곡 쌓여 호연지기가 꽉 들어찬다. 이처럼 인간은 매일매일 스스로 반성하여 곧으면 착한 마음을 조정하여 잘 길러갈 수 있는 의지력이 있다.

---

15) 『孟子』「公孫丑」上 : 敢問, 夫子惡乎長. 曰, 我知言, 我善養吾浩然之氣. 敢問 何謂浩然之氣. 曰 難言也. 其爲氣也, 至大至剛, 以直養而無害. 則塞于天地之間. 其爲氣也, 配義與道, 無是, 餒也. 是集義所生者. 非義襲而取之也, 行有不慊於心, 則餒矣.

16) 『孟子集註』「公孫丑」上 : 浩然, 盛大流行之貌. 氣, 卽所謂體之充者.

17) 『孟子』「公孫丑」上 : 必有事焉而勿正, 心勿忘, 勿助長也.

율곡은 기氣를 기르는 작업에 대해, '지기志氣'와 '혈기血氣'를 기르는 일, 두 가지로 설명했다. 특히 '지기志氣'를 기르는 곳에서 맹자의 호연지기浩然之氣를 들어 다시 강조했다. 행동이 그 마음을 해치지 않으면 마음은 이지러지지 않고 온 세상에 꽉 퍼진다!

결국 호연지기를 기른다는 것은 "마음 — 몸을 닦는 —" 공부를 직접적으로 지칭한다. 이를 위한 기본적 조건이 있다. 바로 '의義를 모으는 일'. 의義 또한 마음의 지향이며 조절작용이다.

맹자에 의하면, 마음의 지향은 선善에 있다. 그러므로 의는 선을 모으는 것이다. 선의 지향과 실천은 반성적 사고를 통해 이루어진다. 반성적 사고reflective thinking는 존 듀이 철학에서도 핵심적인 사고 방법이다. 이는 사고思考의 기원으로 의혹과 주저와 심적 곤란을 내포한다. 뿐만 아니라 그러한 의혹을 해명하고 당황한 사태를 진정시켜 처리해 나가는, 자료를 발견하기 위한 탐구와 조사 작용도 내포하고 있다.

유교에서도 '오일삼성吾日三省'이라는 반성과 성찰의 과정을 매우 중시한다. 존 듀이와 사상적 기반이 다른 측면은 있지만, '반성反省', 혹은 '성찰省察'이라는 공통 주제는 닮은 지점이 있다. 이런 배움의 생활이 실천된다면, 인간 개체로서는 부끄러울 바가 없으며, 인간은 최고의 경지에 도달하여 떳떳함을 갖

줄 것이다.

이렇게 볼 때, 호연지기는 천리의 순수한, 착한 본성을 길러 나가는 최적의 상태다. 그 호연지기에 대해 맹자는 "말하기 어렵다難言"고 표현했다. 왜 그랬을까? 결국은 개체의 몸이 홀로 터득해야 하는 체득體得 내지 심득心得에 의해, 기르고 확충해 가야 했기 때문은 아닐까? 체득이나 심득은 언어에 의한 논리적 증명이 쉽지 않다. 본인만이 알 수 있는 내면의 충실! 개인의 깨달음은 참이건 거짓이건 자기 자신만의 영역이다. 그것을 객관적으로 드러내기 위해서는 인간이 도저히 믿기 어려운 사실을 직접 보여주어야 한다.

맹자의 호연지기도 언어를 통해 논리적으로 증명하기는 어렵다. 어찌 보면 호연지기는 인간이 공유한 보편적 심성으로 지각할 수 있는, 내면적 힘이기 때문이다. 언어로 표현할 수 없는 체득의 문제는, 보이지 않지만 보이는 활력, 신비한 힘과도 같다. 그것은 비트겐슈타인이나 부버의 '침묵沈黙', 불교에서 선禪의 경지에 비견할 수 있는, 유교 고유의 깨달음이다. 그런 의미에서 맹자가 '난언難言'이라고 둘러 댔으리라. 그렇지 않다면, '배움과 수양을 통해, 호연지기의 세계를 직접 체험해 보라'는 경고일 수도 있다.

4. 배움의 성숙과 대장부

이런 호연지기를 전제로 맹자는 수양과 배움의 정도에 따라 인생의 경지를 구분하였다. 그 인격의 성숙 단계는 여섯 과정을 거친다. 인간이 태어나서 죽을 때까지의 성장과 성숙. 맹자는 호생불해浩生不害라는 사람이 악정자樂正子의 사람됨을 묻자 그 인물평의 와중에서 그것을 요약해서 말했다. 그 여섯 가지는 선인善人, 신인信人, 미인美人, 대인大人, 성인聖人, 신인神人의 경지다. 문자 그대로 보면, 착한 사람 – 믿음직한 사람 – 아름다운 사람 – 어른다운 사람 – 성스러운 사람 – 신묘한 사람 정도로 풀이할 수 있다.

> 착함을 행하려는 사람을 일러 선인善人이라 하고, 착함을 몸에 지니고 있는 사람을 신인信人이라 하며, 착함에 힘써서 내

> 면의 알맹이가 꽉 찬 사람을 미인美人이라 하며, 속이 꽉 차고 빛나는 사람을 대인大人이라 한다. 그리고 대인이면서도 모든 행동에서 저절로 척척 맞게 되어가는 사람을 성인聖人이라 하고, 성인이면서도 헤아릴 수 없는 사람을 신인神人이라 한다.[18)]

앞에서 여러차례 언급한 것처럼, 맹자는 '선천적 선단善端을 지니고 있는 인간'을 절대적으로 믿었다. 모든 인간은 착하다. 선의 가능성을 내재하고 있다. 문제는 선을 자기 것으로 만들어 가느냐 아니냐다.

자기 것으로 만들려는 인간은 선인善人이다. 그러기에 선한 사람은 반드시 그 선을 행하려 하고, 악한 자는 반드시 그 악을 행하려 한다. 그것은 선단을 지닌 인간이 선으로 나아갈 수 있음을 옹호한 것이다. 여기에서 선한 행위는 사람을 사랑하고 사람을 좋아하는 일에 불과하다. 인仁에 뜻을 두고 나쁜 짓을 하지 않은 것이다.[19)] 이는 기본적 인간관계를 할 수 있는 좋은 마음에 머물러 있는 수준이다.

신인信人은 선을 실제로 소유하여 악취를 싫어하고 호색을 좋아하는 인간을 말한다. 진실로 선을 몸에 배게 하는 실제적 행위

---

18) 『孟子』「盡心」下 : 可欲之謂善, 有諸己之謂信, 充實之謂美, 充實, 而有光輝之謂大, 大, 而化之之謂聖, 聖, 而不可知之之謂神.

19) 『孟子集註』「盡心」下 : 天下之理, 其善者, 必可欲, 其惡者, 必可惡. 可欲是資稟說這人可愛, 只是渾全一箇好人. 志仁無惡之謂善.

차원이다.[20] 선을 소유했을 때 거짓은 사라진다. 거짓이 없으면 믿음을 줄 수 있다. 그러기에 신信이라 했다. 믿음은 선의 소유자에게서 나온다. 하지만 선인善人과 신인信人은 선을 구유하려는 초보적 단계다. 선의 지향을 나름대로 다짐하며 겨우 그런 마음을 가지는 보편적 인간의 모습이다. 따라서 도약의 단계를 거쳐 보다 굳건한 인간으로 나아간다.

몸에 지닌 선을 힘써 행하고 충만하여 쌓이고 꽉차게 되면, 인간으로서의 아름다움은 그 가운데 저절로 드러난다. 이런 인간이 미인美人이다. 중요한 것은 힘을 다하여 선을 충족시키려는 노력이다. 몸에 선함을 지니고 있다는 사실을 아는 것으로 끝나서는 곤란하다. 마음에서는 선을 이해하여 충실히 하고 일마다 모두 힘을 다하여 행한다.[21] 선의 충만은 여기에서 나온다. 결국 일상에서 착한 삶에 충실한 존재가 아름다운 사람이다.

이제 인간은 한 발짝 더 나아간다. 화합하고 도리를 따르는 마음을 쌓아 영화가 밖으로 드러나고, 아름다움이 몸으로 드러나며, 사업에 구체적으로 펼쳐진다면, 덕이 지극히 무성할 것이다.[22] 선이 마음에 충실하게 쌓이더라도 밖으로 표출되지 않

---

20) 『孟子集註』「盡心」凡所謂善, 皆實有之, 如惡惡臭, 如好好色, 是則可謂信人矣. 下 : 誠善於身之謂信.

21) 『孟子集註』「盡心」下 : 力行其善, 至於充滿而積實, 則美在其中. 是就行上說, 事事都行得盡, 充滿積實, 美在其中.

22) 『孟子集註』「盡心」下 : 和順積中, 而英華發外, 美在其中, 而暢於四肢, 發於事業, 則德業至盛, 而不可加矣.

으면 의미가 없다. 개인적 선의 축적만으로는 인간 완성을 이루기 어렵다. 그러므로 속에 꽉 찬 선을 밖으로 표출해야 한다. 그것은 인간사에서 덕이 성하고 인仁에 익숙해져서 세상에 문명을 드러내는 일이다.[23] 대인大人의 의미는 이런 데 있다.

어른다운 사람이란, 나 개인의 선은 물론 그 선의 사회적 확장을 꾀하는 인간이다. 어쩌면 맹자가 추구하는 현실적 인간은 대인大人인지도 모른다. 왜냐하면 성인聖人과 신인神人은 완전히 도통한 경지에 들어선 이상적 인물이기 때문이다. 대인이면서도 저절로 되는 인간인 성인聖人, 성스러워 알 수 없는 신인神人의 경지를 과연 보편적 인간상으로 삼을 수 있는가? 성인은 인간으로서는 최고의 완성형이다. 따라서 더 이상 나은 인간을 상정할 수는 없다. 이런 면에서 실제적으로 성인 이상의 위계를 논할 수는 없을 것 같다. 다만, 그보다 더 이상적인 인간을 형이상학적으로 그리고 있다고 보는 게 좋겠다.

맹자가 제시하는 인격의 성숙, 수양과정의 질적 변화는 공자의 자아실현이나 배움의 단계와 매우 닮아 있다. 공자가 15세에 학문[志學]에 뜻을 둔 것에서, 이립而立, 불혹不惑, 지천명知天命, 이순耳順, 종심소욕불유구從心所慾不踰矩로 나아가는 단계에 비추어 보면, 상당한 유사성을 발견할 수 있다. 다시 말해, 인

23) 『孟子集註』 「盡心」 下 : 其在事也, 則德盛仁熟而天下文明, 是則所謂大人也.

간의 근본적 임무를 마음 – 뜻[志] – 이라는 내면의 세계에서 찾아, 일생의 수양론으로 삼았던 것이다. 맹자는 자신의 이러한 배움 이론을 개인적 · 사회적 맥락에서 다음과 같이 언급했다.

> 하늘이 장차 큰 임무를 사람에게 내리려 할 때, 반드시 먼저 그 마음을 괴롭게 했다. 힘줄과 뼈를 피로하게 하며, 신체를 야위게 하며, 몸을 가난하게 하여, 무언가 하려고 하면 그 일을 방해하는 것 같았다. 이는 마음을 움직이며 성질을 참게 하여 그 잘하지 못하는 부분을 잘할 수 있게 보완해 주기 위해서다.[24)]

인간이란 무엇인가? 무엇을 하기 위해 태어났는가? 삶이 왜 이리 고달픈가? 맹자는 전국시대라는 전쟁의 소용돌이를 직접 체험했다. 그 와중에 인간 세계를 보았으리라. 무엇을 느꼈을까? 인간은 무언가 일을 하기 위해 이 세상에 태어났다. 그 사명을 다하려니, 혼란의 시기에, 마음이, 정신이 괴롭다. 뿐만 아니다. 몸도 피곤하다. 진정, 행복하고 아름다운 세상을 함께 만들기 위해, 인간 개개인은 한마음이 될 만큼의 여유가 없는가. 그런 가운데서도 나의 사명, 소명의식召命意識이 발휘될 수 있는가. 시련을 딛고라도 그것을 실천해야지.

---

24) 『孟子』「告子」下 : 天將降大任於是人也, 必先苦其心志, 勞其筋骨, 餓其體膚, 空乏其身, 行拂亂其所爲, 所以動心忍性, 曾益其所不能.

배움에의 갈망은 이런 의식과 결부되어 상승작용을 일으킨다. 그 시련을 잘 견뎌내는 것이 수양이며 마음 다스림이요, 인내다. 이런 점에서 맹자의 수양론은 인간이 원초적으로 선한 생명력을 갖고 있다는 믿음에서, 몸의 기를 충만시켜 나가자는 존심存心의 수기론修己論이다. 철학적으로 우주적 생명, 원초적 선善으로 회귀하려는 철학적 신앙을 담고 있다. 원초적 선은 자기 안에 있고 내면성의 은밀한 곳을 상하지 않게보존하려고 한다(김형효, 1990).

여기서 맹자는 자신의 사명을 완수하려는 인간 모델을 꿈꾼다. 대장부大丈夫라는 행동하는 양심이다. 공자는 군자君子라는 현실 가능한 인간을 구체적으로 추구했다. 춘추라는 시대 상황과 맞물려 성인聖人을 찾을 수는 없었지만, 당시로서는 진보적 입장에서 인간의 평등을 찾아가려고 노력했다. 맹자도 역시 공자의 사상적 계승자답게 군자를 지향한다. 그러나 전국시대라는 인간 갈등의 소용돌이는 본분本分을 지키지 않고 제멋대로 날뛰는 인간을 올바른 인간으로 둔갑시켰다. 사이비 군자들, 도덕적으로 성숙하지 않는 짝퉁 인간들이 판치는 현실을 보고, 맹자는 진정한 지성인 대장부를 고대했다.

세상의 넓은 집에 거처하며, 세상의 바른 자리에 서며, 세상의 큰 도를 행한다. 뜻을 얻으면 백성과 더불어 실천하고, 뜻을 얻지 못하면 홀로 그 도를 행한다. 부귀가 마음을 방탕케 하지 못하며, 빈천이 절개를 옮겨 놓지 못하며, 위엄이나 권력이 지조를 굽히게 할 수 없다. 이런 사람을 대장부라 한다.[25)]

맹자는 '넓은 집', '바른 자리', '큰 도'를 중심으로 인간됨과 행위의 근거를 삼고 있다. 이념적으로 넓은 집은 인仁이며, 바른 자리는 예禮, 큰 도는 의義다.[26)] 인仁은 열린 마음이자 포용력을 갖춘 인품으로, 인간관계와 행위의 표준이며 기준이다. 예禮는 실천의 양식이며 의義는 실천의 지침이다. 맹자는 '인仁 – 예禮 – 의義'라는 관계를 일체감을 지닌 하나의 힘으로 보고 이를 체득하여 실천하는 인간형을 요망했다.

여기에서 중요한 것은 "넓은 집에 거처"하는 "광거廣居"의 이해이다. 이 넓은 세상에서 인간은 무엇이어야 하는가? 맹자는 고민에 빠졌다. 진정한 인간이 되기 위해 어떤 배움이 요청되는가?

인간은 한 터럭의 사사로운 마음도 없어야 인仁에 거처할 수 있다.[27)] 그에 따라 바른 자리와 큰 도를 이해하고 실천할 수 있다. 공평한 마음, 선의 마음으로 나의 사명을 실천할 수 있는

---

25) 『孟子』「滕文公」下 : 居天下之廣居, 立天下之正位, 行天下之大道, 得志, 與民由之, 不得志, 獨行其道, 富貴不能淫, 貧賤不能移, 威武不能屈, 此之謂大丈夫.

26) 『孟子集註』「滕文公」下 : 廣居, 仁也, 正位, 禮也, 大道, 義也.

27) 『孟子集註』「滕文公」下 : 此心, 廓然無一毫私意.

전반적 상황을 맞이한다면, 선을 발현하여 사회의 어둠을 밝힐 수 있다. 이는 개인적 선의 실천을 넘어 백성과 더불어 한다는 사회적 선의 실천으로 나아갔다. 앞에서 본 대인大人의 경지와 통한다.

선한 마음이 펼쳐지지 못하는 사회적 상황이라면, 개인적 선이라도 펼쳐 나가겠다는 선의지. 이때 부귀富貴와 빈천貧賤과 위무威武가 나의 선함을 꺾지 못할 정도로 수양을 해야 진정한 대장부다. 대장부로서 인간은 절대 내줄 수 없는 것이 있다. 인간의 본질 차원에서는 '선'이요, 인간의 일에서는 '본분'과 '역할'이다. 이는 배움을 통해 부동심不動心에 이른 인간에게서 가능하다.

5. 선단 확충의 배움

맹자의 주장대로 인간의 마음은 모두가 선단善端을 지니고 있는가? 그것이 당위라면, 악惡의 현현顯現은 어떻게 이해해야 하는가? 맹자는 악의 지향 가능성을 상정하지 않았다. 상정했더라도 애써 외면했던 것 같다. 대신 선善으로의 지향은 강력하게 추동했다. 그것은 수양과 배움을 통해 실현되어야만 했다. 그래서 맹자에게서는 마음 수양을 기초로 하는 배움의 문제가 전면적으로 등장하고 교육의 중요성이 부각된다.

인간에게서 정신적 활동의 총체인 마음은 선단善端을 구유하고 있다. 그것을 기르는 것이 호연지기浩然之氣요, 지언知言이며, 지속적인 기의 축적을 통해 부동심不動心이 가능하다. 부동심을 갖춘 인간은 대장부大丈夫로 거듭난다. 그는 개인적 · 사회적 의식을 지니고 선의 실현을 도모한다. 이것이 배움의 기본이다.

맹자의 배움 이론은 심성론心性論과 정치사상으로서 왕도론王道論, 경제사상으로서 정전법井田法 등에 가려 상대적으로 드러나지 않았다. 그러나 그의 배움 이론은 마음의 확이충지擴而充之라는 기본 체제 아래, 외부로 표출되는 행위의 근원으로 자리하고 있다. 이를 다음과 같이 정리할 수 있겠다.

첫째, 인간의 마음은 착할 가능성을 지니고 있다[善端, 性善, 心善].

둘째, 마음을 잘 보존하여 끊임없이 넓히고 채워야 한다[擴而充之].

셋째, 그 배움의 양식은 언행에 대한 인식, 기의 함양과 축적, 지속적 보존이다[知言, 浩然之氣, 不動心].

넷째, 이를 체득한 행동하는 지성, 양심적 인간이 대장부다[大丈夫].

다섯째, 대장부는 개인적 · 사회적 덕의 실천을 통해 건전한 세상을 도모한다.

결론적으로, 맹자의 수양론, 배움 이론은 마음[心]의 종합적인 구조를 선단善端과 성선性善에 기초한 심선心善으로 본다. 배움의 질적 승화는 그것을 확충하여 지언知言과 호연지기浩然之氣의 축적을 통해 부동심不動心에 이르는 작업이다. 그리하여 맹자의 배움 이론은 대장부大丈夫라는 건전한 인격을 추구하는 삶의 체계로 정돈된다.

제4부

중용 中庸

본성의 인식

사람의 길

문화 창조와 문명화를 위한 배움

단상 4 마음 씀씀이[中庸]

성실, 그 자체는 하늘의 도이고, 성실하려고 노력하는 일은 사람의 길이다!
성자 천지도야 성지자 인지도야誠者, 天之道也. 誠之者, 人之道也.!

기억의 저편에서 이 구절이 새롭게 돋아났다. 30여 년 전 중·고등학교 도덕·윤리 시간, 선생님은 나를 비롯한 여러 제자들을 제대로 된 인간으로 만들겠다고 회초리를 들고, 귀에 못이 박히도록 "성실해라, 이놈들아, 성실하게 살아야 해!"라며 훈육하셨다. 숱하게 얻어 맞아가면서도 즐거웠던 그 시절, 나는 정확하게 이 구절의 뜻이 무엇인지, 어디에 나오는 말인지 잘 몰랐다. 그저 시험에 자주 나오고 선생님께서 좋은 말이라고 하여 그냥 외웠던 것 같다. 30여 년이 지난 지금, 유교를 공부하면서, "성실함 자체"와 그것을 실천하여 "성실함을 체득하려는 인간의 노력" 사이에서, 겨우 그 뜻을 깨치고 있다.

사람에게 성실함 – 혹은 진실함 – 의 덕목이 어떤 비중을 차지하던가? 상식이 있는 인간이라면 그 진정한 힘을 성찰하고 있으리라. 이런 "성실함"을 무게중심에 두고 형성된 담론이 바로『중용』이다. 그것은 우주자연과 인간의 삶에 역동성과 질서를 부여한다.

공맹孔孟이 주창한 초기의 유교는 원시유교原始儒教나 본원유학本源儒學 등으로 명명된다. 이에 비해 주자학朱子學으로 종합되는 유교는 정주학程朱學, 성리학性理學, 송명리학宋明理學, 도학道學 등, 특성에 따라 다양하게 명칭이 부여된다. 초기 유교와 변별하기 위해 신유학新儒學; Neo-Confucianism이라고도 한다.

신유학의 선구자인 정자程子는 '중용中庸'의 명칭과 의미를 간략하게 정돈한다. "치우치지 않는 것은 중中이고, 바뀌지 않은 것은 용庸이다." 주희는 이러한 정자의 논의를 인용하여 다시 정리한다. "치우치지 않고 기대지 않아 지나침도 미치지 못함도 없는 일상의 도리다." 언표 자체만 보면, 무슨 말인지 알아듣기 힘들다.

우리는 일상생활에서 "중용을 지키자!"라는 말을 가끔 한다.

이때 중용中庸의 의미는 "누구의 편도 들지 않고 중립을 지킨다"는 중간자적 입장에서 많이 쓰인다. 그러나 중용은 그런 물리적인 중간의 의미를 넘어 심오한 뜻을 포괄적으로 담고 있다.

중용의 핵심은 '중中'에 있다. '중'이란 말은 원래 깃발旗의 모습을 본뜬 것으로 중앙中央 · 중심中心 · 적중的中 등의 뜻이다. 이런 '중'의 의미는 덮어놓고 중간을 뜻하는 말이 아니다. 일정한 두 지점 사이의 한 가운데, 즉 기계적이고 물리적인 중간 지점을 나타내는 표현으로 이해하면 곤란하다. 그렇다면 인간 세상에서 중 – 가운데 – 은 어떻게 이해해야 하는가?

사람과 사람, 또는 사람과 사물 사이에는 다양한 문제가 발생한다. 어떤 사람은 옳고 어떤 사람은 그르고, 어떤 사람은 곧고 어떤 사람은 비뚤고, 어떤 사람은 선하고 어떤 사람은 악하다. 이런 복잡하게 얽힌 삶의 양상을 풀어 나갈 때, 누구에게나 가장 알맞게 적용되는 도리道理가 중이다. 그러므로 이것도 저것도 아닌 중간자적 입장, 사람의 행동으로 보면, 무사안일주의나 소극적인 처세관은 '중'의 범주가 아니다. 안이한 타협이나 기준 없는 절충은 결코 '중'이 될 수 없다. 이런 행위는 사이비似而非 중中이다.

'중'은 시간이 바뀌고 사물 사이의 차이와 변동에 따라 거기에 알맞은 도리다. 그러기에 평범한 일상 가운데 변통성變通性

있는 타당妥當의 극치極致다. 이를 다른 표현으로 하면, 최고의 삶, 지선至善의 경지境地가 된다.

여기에 '쓰임'을 의미하는 '용'이라는 말이 덧붙여졌다. '용庸'은 '용用'과 같다. 그것은 언제 어디에나 쓰이고 있고 영원불변하다. 이 세상의 모든 사물은 정도의 차이는 있지만, 어떤 형식으로건 쓰이고 있지 않은가! 그러기에 정자는 "중은 세상의 올바른 길이고, 용은 세상의 올바른 이치"라고 했다. 이런 차원에서 중용은 올바르지 않는 도리에 대한 '저항'과 정해진 이치가 아닌 것에 대한 '거부'로 드러난다.

중용이 추구하는 배움의 이론도 그런 궤적을 따른다. 그 대강은『중용』의 첫 세 구절에 잘 갖춰져 있다. 천명지위성天命之謂性 – 솔성지위도率性之謂道 – 수도지위교修道之謂教. 간략하게 풀이하면, "하늘이 명한 것을 본성이라고 하고, 본성을 따르는 것을 길이라고 하며, 길을 닦는 것을 가르침이라고 한다"는 뜻이다. 이 세 구절은 인간의 존재 근거와 삶, 배움의 방식을 잘 보여주는 유교의 총 강령이다. "하늘이 명한 것을 본성"이라고 하는 것은 인본주의人本主義의 요체가 되는 진리다. "본성을 따르는 것을 길"이라고 하는 것은 덕에 나아가 학문을 연마하는 공부의 핵심이다. "길을 닦는 것을 가르침"이라고 하는 것은 교육과 정치의 정수다.

이는 마음을 어떻게 쓰느냐에 따라, 감정이 드나드는 긴장의 끈을 반성할 때, 윤곽이 보인다. 인간의 감정을 대표하는 기쁨[喜], 성냄[怒], 슬픔[哀], 즐거움[樂]이 표출되지 않고 마음에 고요히 있는 상태는 중中이다. 이런 점에서 중은 "사람의 마음"을 대변한다. 다시 말하면 중은 희노애락의 감정이 나타나지 않은 마음이, 대상과의 교섭이 없어 어떤 작용도 일어나지 않는 상태다. 이때 인간의 마음은 어느 쪽으로도 치우치지 않는다.

그러나 인간의 마음은 외부의 사물과 접촉하지 않을 수 없다. 그것이 발동되어 절도에 딱 맞는 경우를 화和라고 한다. 화합和合, 혹은 화해和諧, 평화平和라고 할 때, 그 화和다. 화和는 인간의 삶을 지탱하는 최고의 덕목이라고 해도 과언이 아니다. 마음이 대상과 교섭할 때, 때와 장소, 상황에 따라 절도를 잃지 않는 것, 절도를 지키는 것이 바로 화다. 중용의 배움은 다름 아닌 화和의 마음을 쓰는 삶의 과정이다. 그래서 '화해和諧의 배움론'이라고도 한다.

이 마음 씀씀이의 교육 방법이 그 유명한 '학문學問'과 '사변思辨'이다. 박학博學 – 심문審問 – 신사愼思 – 명변明辨. 즉 "널리 배우며, 자세하게 물으며, 신중히 생각하며, 분명하게 판단한다!" 배우고 묻고 생각하고 분별하는 일에 최선을 다하는 작업, 그것은 공부의 양식을 포괄적으로 보여주는 동시에, 사람으로서 성실함을 이루는 최고의 방법이다.

전통적으로 사서四書의 독법讀法은 『대학』－『논어』－『맹자』－『중용』으로 진행된다. 여기에서도 드러나듯이, 유교의 배움 이론은 『중용』에서 절정을 이룬다. 톨스토이의 언급처럼, "사람은 무엇으로 사는가?"

훌륭한 사람이 되기 위해서는, 욕망에 의해 비뚤어진, 잘못된 기질氣質을 바꾸고 바로 잡아야 한다. 훌륭한 덕성으로 그릇된 기질을 극복하면 어리석은 사람은 똑똑한 사람이 될 수 있다. 그렇지 못할 경우, 아무리 배움에 뜻을 두더라도 어리석은 사람은 똑똑한 사람이 되기 어렵다. 유교에서는 선善의 차원에서, 사람마다 지닌 본성을 동일하다고 이해한다. 사람마다 제각기 재질才質의 차이가 있을 뿐이다. 어떤 사람은 조금 어둡고 어떤 사람은 조금 밝고, 어떤 사람은 조금 강하고 어떤 사람은 조금 부드럽고, 어떤 사람은 조금 맑고 어떤 사람은 조금 흐린 특성을 지녔다. 그것은 혼명昏明, 강유剛柔, 청탁淸濁의 기질로 표현된다.

중요한 것은 "성실하려는 노력"이다. 진정성을 갖고, 자신에게 충실하고, 타자에게 성실하며, 우리 모두를 위한 삶의 진실을 고려하며 사는 일이다. 그래야만 사람은 착한 본성을 회복하고, 그릇된 기질이나 약한 자질을 올바르고 강하게 변화시킬 수 있다. 아름답지 못한 자질을 변화시켜 아름답게 만들기 위해 무엇이 요구될까? 평소에 지속적으로 노력하는 일, 그 이상도 이하도 아니다. 그것이 화해和諧를 지향하는 '마음 씀씀이', 중용中庸이 요청하는 배움의 기초다.

1. 배움론에서 『중용』의 자리매김

동양 사상에서 유교는 전통 교육을 대변한다. 조선조 지식인 사회의 경우, 유교에서 배움은 학문의 전체였고 삶 자체였다. 그만큼 유교는 삶의 이념과 목표, 내용과 방법에 이르기까지, 유기적 체계를 갖추고 실천되었던 학문學問이다.

특히 '사서四書'로 명명되던 『대학』『논어』『맹자』『중용』은 유교의 요지를 담고 있는 기본 경전이었다. 거기에는 유교의 특성이 심층적으로 담겨 있고, 배움에 관한 담론이 수시로 강조되었다. 그 배움의 질서는 『대학』을 통해 규모規模를 정하고, 『논어』에서 근본根本을 세우며, 『맹자』에서 발월發越을 볼 수 있고, 『중용』에서 옛 사람의 미묘微妙를 구했다.[1] 이런 점에서 맨 마지막에 자리하는 『중용』은 인간의 삶과 배움의 철학을 은

---

1) 『大學章句大全』 首章: 其要人先讀大學以定其規模, 次讀論語以立其根本, 次讀孟子以觀其發越, 次讀中庸以求古人之微妙.

미하고도 오묘하게 간직하고 있다.

『중용』은 유교의 인생철학 혹은 심성心性 철학이라고 인식되어 왔다. 그러기에 인간의 총체적 삶을 구체적으로 표현한다. 내면의 은미한 곳으로부터 외면의 원대한 곳에 이르기까지. 인성人性을 밝히는 문제에서 시작하여 인간과 자연[天], 인간과 사회, 인간과 역사의 관계를 논하고, '지선至善'이 실현되는 원리를 근본적으로 담고 있다. 다시 말하면, 『중용』은 인간의 심성心性을 확인하고 이해하는 데서 시작하여, 인간과 자연, 사회와의 관계 속에서 최고선最高善을 지향한다(이상은, 1974: 341).

그런 점에서 『중용』은 인간의 삶을 근본적으로 논의한 인간학이다. 여기에서 인간학은 인간성과 그에 터한 인간의 길, 인간의 길을 한층 심화해 나가면서 문화를 향유하는 보편적 삶이다. 혹은 그런 것과 연관된 삶의 철학이다.

이런 의미에서 신학적 관점에서 본 인간학을 논의하긴 했지만, 볼파르트 파넨베르그의 다음과 같은 언급은 참조할 만하다.

> 인간이 함께하는 세상은 인간에 의해 의미가 붙여지거나 전개되고, 인간의 목적에 맞게 만들어지는가 하면, 그러한 인간의 뜻을 펴는 데 제한을 두거나 때로는 인간 의지의 실현을 파괴하기도 한다. 그러한 세상은 무엇보다도 인간들 사이에 맺는 관계 그 자체의 세계다. …… 인간에게만 고유한 함께 사는

생활의 형태는, 우리가 흔히 문화라고 일컫는, 함께 사는 세상이라는 개념을 통하여 이루어진다(W. Pannenberg, 1996: 411).

『중용』은 인생과 우주계의 합일合一, 인문과 자연의 합일이라는 천인합일天人合一의 관념에서 논의된다. 그러기에 자연과 인간의 관계를 중시하는 학문으로 이해된다(장기전, 1984: 85). 벤자민 슈왈츠(Benjamin I. Schwartz, 1985: 405)는『중용』을 내면적 자기실현의 성취 가능성에 대한 강력한 존재론적 기초를 제공하는 것으로 보았다. 이처럼『중용』에 대한 이해는 동서를 막론하고 인간의 삶과 자기실현에 대한 학문으로 유교의 근본 정신과 기본 사고를 담고 있는 경전이다.

한편, 이와는 아주 상반된 해석을 하는 경우도 있다. 노사광(1988)은『중용』을 한대漢代의 유학자들이 지은 유교의 한 이론으로 본다. 특히 심성론의 측면에서 구명한 유교의 곁가지로 인식하고 학문의 주류로 간주하지 않는다. 또한『중용』을 정주程朱 성리학의 보수적이고 계급 질서를 정당화 하는 경전으로 보는 경우도 있다.

마르크스주의Marxism나 마오쩌뚱의 사상에 입각한 중국 대륙 학계의 연구는『중용』을 포함하여 사서집주四書集註로 완성되는 주자학을 보수 반동적 사상으로 보기도 했다. 권인호(1995: 224)도 주자학 계통의 성리학자들이『중용』에서 천도天道:命를 상하 계급질서인 보편적 · 객관적 개념, 즉 천리天理를 정당화하였다고 보았다. 아울러 『중용』의 중화中和 이론을 통해 양반과 민중의 신분 계급을 고착하고 새롭게 사회와 정치를 만들려는 투쟁 의지를 마비시키는 타협적 사상이며 사회 정치 현실의 모순을 은폐시키는 사상으로 이해했다.

이런 입장은 역사와 사회를 바라보는 관점과 학문 방법의 차이에 따라 다르게 이해한 것으로 판단된다. 여기에서는 중용을 인생철학이나 심성철학의 입장에서 삶 – 문화를 논의한 인간학으로 이해한다. 특히, 『중용』의 핵심이 담겨 있는 수장首章:머리장, 1장 세 구절을 배움 이론으로 해명한다.

『중용』 1장은 유교의 핵심을 매우 함축적으로 드러내고 있는 부분이다. 과장하면, 유교의 알맹이가 모두 들어 있다고 할 정도로 주요한 구절이다. 거기에는 인간의 본성과 인간의 길, 배움을 통한 문화 세계의 구축 원리를 자세하게 담고 있다.

천명지위성天命之謂性
솔성지위도率性之謂道
수도지위교修道之謂教

2. 중용의 의미와 특징

앞에서 언급했지만 일상에서 우리는 '중용을 지키자!' 라는 말을 흔히 쓴다. 이때 '중용' 은 대략적으로 '중립을 유지한다' 거나 '중간 입장을 취한다' 는 의미로 이해된다. 이런 인식이 중용의 의미에 어긋나는 것은 아니다. 그러나 중용의 본질을 흐리거나 오해를 낳을 소지가 있다.

중용의 의미를 근원적으로 파악하기 위해서는 '중中' 과 '용庸' 의 문자 형성 과정과 그 의미를 짚어볼 필요가 있다(신창호, 2000; 2001; 2002; 王孺松, 1990; 蕭 兵, 1997). 갑골문의 경우, '중中' 자는 나타나지만 '용庸' 자는 보이지 않는다.

갑골문에 보이는 '중中' 자는 깃발이 펄럭이는 모양으로 드러난다. 깃발은 바람이 부는 방향에 따라 상하전후좌우上下前後左

右로 나부낀다. 그러나 그 실체는 깃대에 달린 하나의 깃발일 뿐이다. 깃발은 바람이라는 상황과 여건에 따라 펄럭이고, 깃대는 하나의 축인 기준으로 자리하고 있다. 깃발과 이를 둘러싼 상황 조건, 깃대의 관계에서 중中은 중심中心 혹은 중점中點이라는 의미소를 낳는다. 이때 중中은 안팎을 상징하는 내외內外에서 '안內'을 의미한다(段玉裁, 1983).

〔그림4-1〕 다양한 중中자의 모습들

이렇게 보면, "가운데 중中"은 기계적이나 물리적 공간 차원에서만 논의될 성질이 아니다. 무언가 상황성을 전제로 하여, 그것을 드러내는 맥락이 요청된다. 다음과 같은 언급은 중中의 개념을 보다 쉽고 적절하게 표현한다.

> 중中은 '가운데', '한복판'이라는 말이다. 그런데 '가운데'니 '한복판'이라는 판단을 할 때는 먼저 전체全體라든가 주위周圍라는 바탕 설정이 전제되어야 한다. 때문에 중中이라는 개념은 모든 것과 절연絶緣한 자기만의 입장에서 단독으로 설정할 수 있는 것은 아니다. 그러기에 이러한 내외內外 관계에서 언

> 어지는 중中에 대하여 『대대예기大戴禮記』는 다음과 같이 설명하고 있다. "자아自我의 근본根本을 세우려면 반드시 중심中心이 어딘지를 알아야 한다. 그 중심은 나를 둘러싸고 있는 외변外邊을 먼저 파악하고서야 찾아지는 것이다. 이렇게 해서 파악된 외변外邊과 찾아진 중심中心의 대응對應 관계가 평형平衡과 조화調和를 이루는 것을 가장 건실한 상태라고 한다." 이렇게 보면 우선 중中은 외변外邊과의 거리에서 찾아지지만, 그것은 다시 외변外邊에로 향해져서 그 외변外邊과 맞아들도록 하는 이른 바 조절調節의 의미도 갖고 있다. 또 그렇게 조화되어진 상태 자체이기도 한 것이다. 그러니까 중中은 적어도 중정中正의 중, 중화中和의 중, 그리고 중용中庸의 중 등, 세 측면에서 이해되어야 할 것 같다(김충렬, 1977).

요컨대 중中은 안[內]과 밖[外]의 관계, 즉 주위 환경이라는 바탕 설정을 전제로 한다. 그러므로 중中은 늘 자기와 타자, 안팎의 연관성에서 판단되거나 설정되는 개념어다(김충렬, 1990: 215). 다시 말하면, 중中은 나와 너, 혹은 내면과 외면, 중심과 주변, 상하 사이의 긴장緊張이다. 관계 사이의 무게 중심이나 기준을 일러주는 잣대에 해당한다. 그것은 시간적 · 공간적 · 다중적 양단兩端을 보여 준다(이원목, 2006: 173-181).

갑골문에는 보이지 않는 '용庸'자는 『설문해자說文解字』에서 '쓰임[用]'이라는 뜻으로 나타난다. "일을 새롭게 하면서 끝이 없다" 또는 "쓰여 베풀어지고 실천할 수 있다"는 의미다. 이렇게 볼 경우, 용庸은 '움직임 가운데 있는 인간 행위의 지속,' 그 자체로 이해할 수 있다. 인간 생활에서 쓰임[用], 직무[功], 일상[常] 등과 연관된다. 그것은 형이하학形而下學의 실제로, 유용함을 느끼고 삶의 운용에 두루 통하는 사태다(김병호, 1996: 36).

'중中' 자와 '용庸' 자를 하나의 개념으로 합쳐 이해하면, '중용中庸' 은 깃발이 깃대에 매달려 펄럭이듯이, '어떤 기준에 근거하여 끊임없이 자기를 갱신更新해 가는 상황'이다. 그러기에 중용은 상황의 진행 과정에서 조절되는 '형평衡平과 조화調和'다. 그것은 지속적인 균형均衡을 추구한다.

중中은 '시간 – 공간', '정신 – 육체', '내 – 외', '주관 – 객관', '개체 – 일반', '특수 – 보편', '유 – 무' 등 착종된 복잡한 관계의 균형을 지탱하는 점, 조화를 조절하는 힘이다. 즉 중中이란 밸런스balance의 극치다(大賓浩, 1977: 248-250). 이는 상대적이거나 상반되는 것의 뒤섞임 속에서 '균형', '조화', '밸런스'를 중中의 핵심 내용으로 보는 관점이다. 이때, 중中은 반드시 사물과의 관계를 전제로 한다. '관계'의 측면에서 중용은 다음과 같이 언급되기도 한다.

> 중中은 물리적 · 기계적 중中을 말하는 것이 아니다. 사람과 사람 사이, 혹은 자기 마음에 생기는 문제[事物]의 처리 과정에

서 어떻게 하면 가장 '알맞춤'한 처리를 할 수 있느냐? 즉 '소당연지리所當然之理'를 어떻게 찾느냐의 문제를 논의하는 것이다. 이때 '중中'이라 함은 매우 복잡한 요소를 내포하고 있다. 하나의 사물事物은 우선 '시간'·'공간' 내의 존재이니, '시時,' '소所'의 요소가 들어 있고, 다음으로 사물이란 '사람 대 사람'이나 '사람 대 물건'을 막론하고 언제나 '나와 남,' '주관 대 객관' 혹은 '주체 대 객체'의 관계를 전제로 한다(이상은, 1974: 344-345).

이런 차원에서 중中은 인간과 인간, 인간과 자연, 사물과 사물 사이의 관계에서 드러난다. 이때 '관계 가운데 어떻게 자리하느냐'의 문제가 '중中'을 확인할 수 있는 열쇠다. 중中은 "중용中庸의 덕德은 지극하다! 그런데 사람들이 오래 지속하는 경우가 드물다!"[2]라는 언표를 통해 '중용中庸'의 모습으로 통합되어 나타난다. 그것은 좌우로 기울지 않는 중도中道의 의미를 지니고 있다(한기언, 1978: 142). 인간관계의 측면에 보면, 최고의 덕목처럼 느껴진다.

그러나 유교의 기본 경전인 『논어』에서 공자는 그 의미가 구체적으로 무엇인지 설명하지 않았다. 『논어』의 여러 개념으로 미루어볼 때, '중용'은 인仁과 맞닿아 있다(이상은, 1974: 349). 왜냐하면 『논어』는 삶의 구체인 장면을 실감 있게 보여주는 기록

2) 『論語』「雍也」: 中庸之爲德, 其至矣乎, 民鮮久; 『中庸』 3章: 中庸之爲德, 其至矣乎, 民鮮能久.

으로, 인仁은 삶의 상황과 관계에서 우러나오는 것이기 때문이다(신창호, 2005: 154-199; 이명기, 1987).

중용中庸의 개념이 구체성을 띠고 드러나는 것은 주자의 『중용장구中庸章句』에서다. "중中은 한쪽으로 치우치거나 의지하지 않으며 지나침과 모자람이 없는 것이고, 용庸은 변하지 않는 일상생활"이다.[3] 여기에서 중中은 크게 두 가지 의미로 설명된다(윤천근, 1987: 44-50). 첫째는 '치우치지도 의지하지도 않는다'는 본체론적 중립성中立性이다. 둘째는 '지나치지도 모자라지도 않는다'는 현실 운용에서의 실제론적 적합성適合性이다. 하지만 이 두 가지는 시공時空 속에서 동시적同時的으로 드러난다.

중中은 '중립성'과 '적합성'을 시공간 속에서 운용하여 '최상의 가장 적절한' 구체적이고 순간적인 현실태現實態를 구성한다. 용庸은 인간의 지속적 쓰임과 행위를 드러낸다. 그 쓰임은 일상 삶에서의 용도다. 따라서 시공 속에서 변화의 흐름에 의지하고 있다. 변화의 상황 가운데 가장 적절한 것을 취한다.

요컨대 중용中庸은 시공간에서 '최상의 가장 적합한 것', 중中의 원리적 법칙성인 형식 개념과 용庸의 구체적 실현력을 담고 있다.

---

3) 『中庸章句』: 朱子, 中者, 不偏不倚無過不及之名, 庸, 平常也. ; 程子, 不倚之謂中, 不易之謂庸.

이는 자연[天] 자체를 형용한 표현인 동시에 인간 일상생활에서 그것의 적용이다. 다시 말하면, 중용은 자연 법칙인 동시에 인간 법칙으로서 우주의 기본 질서를 묘사한 개념이다(楊祖漢, 1997: 10). 일상생활에서 그것은 늘 인간과 함께 하는 덕행德行으로 드러난다. 그러므로 자연과 인간의 관계 가운데, 변화하는 시간과 공간 속에서, 때와 상황에 맞게 대처하는 삶의 방식이 된다. 이는『중용』자체의 편제에서도 발견할 수 있다.

『중용』은 크게 6부분으로 나누어져 있는데, 1장, 2~11장, 12~19장, 20~26장, 27~32장, 33장이 그것이다. 이는 다시 형이상학形而上學을 논의하는 중中과 형이하학形而下學을 논의하는 용庸으로 분류할 수 있다. 저작 전체를 두고 보면 중中은 성性이고 용庸은 도道다. 그러기에 마음에 보존하는 것을 중中이라 하고 사물에 펼치는 것을 용庸이라 한다(한기언, 1978: 142).

〈표4-1〉 중中과 용庸의 관계 및 특성

중中	용庸
마음 / 본성	삶 / 일상
있음 / 보존[存]	펼침 / 적용[發]
성性 / 천도天道 형이상학形而上學	공부工夫 / 인도人道 형이하학形而下學
솔성수도率性修道	지성진성至誠盡性

이러한 맥락에서 『중용』은 인간이 담당해야 할 문제를 두 차원에서 제기한다.

하나는 도덕 실천의 '초월적 근거'로 성性과 천도天道의 관계를 깨닫게 하는 일이고, 다른 하나는 도덕을 실천하는 '공부론工夫論'으로 '수양修養', 배움을 중시하는 삶이다(高柏園, 1991: 113).

이는 '지극한 정성으로 인간의 성품을 다하는 일[至誠盡性]'과 '그 성품을 좇아 길을 닦는 일[率性修道]'인 의리로 표명된다. 그것은 윤리 도덕을 확인하는 인간학, 공부를 통해 삶을 이행하는 배움의 실천이다.

3. '성性 — 도道 — 교敎' 의 화해

3 - 1. 자연과 인간의 통일

『중용』의 첫 마디는 "천명지위성天命之謂性"이다. 이 짧은 한 마디는 유교의 틀을 규정한다. 천명天命! 그것은 문자적 의미 자체만으로도 엄청나다. 너무나 크게 다가온다. 종교적 차원에서 본다면, '하늘의 명령'은 인간이 무조건적이고 필연적으로 받아들여야만 하는, 거역할 수 없는 것이다. 운명이 아니라 숙명으로 받아야만 하는. 그런데 "하늘이 명한 것은 본성"이기에, 천명은 근원적으로 인간에게 파고 들었다!

이는 '천명=본성'이라는 의미와도 상통하지만, 그 사이 세계에 미묘한 철학적 뉘앙스가 있다. 얼핏 보기에, 형식적으로는 하늘이 인간을 비롯한 만물에게 명령을 내려 본성을 부여한 듯하다. 그러나 상호 주체의 측면에서는 대대待對적이다. “명命은 하늘이 준 것이고 성性은 만물이 받은 것이다. 즉 명命과 성性은 주고받은 차원에서 하나의 이치다. 하늘이 만물에게 주는 측면에서는 명령이고 사람과 물건이 받는 측면에서는 본성이다.”[4]

이처럼 주체의 전이를 통해 명命과 성性은 준 자와 받은 자 사이의 관계망을 형성한다.

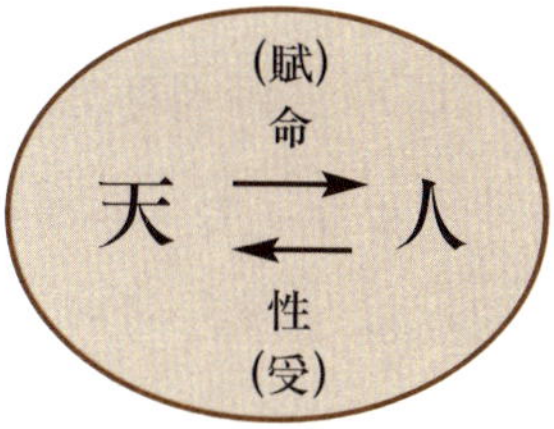

〔그림4-2〕 자연[天]과 인간[人]의 합일 관계

이는 하늘의 의리와 도덕 질서를 인간이 스스로 부여하고 적용하는 양상이다. 인간은 하늘에서 부여한 명령에 따라 본성을 받고 그것을 세상에 드러낸다. 그러기에 “사람 알기를 생각한다면 반드시 자연의 질서를 알아야만 한다”[5]고 했다. 왜냐하면

4) 『中庸章句大全』 1章 註: 天所賦爲命, 物所受爲性, 理一也, 自天所賦予萬物言之謂之命, 以人物所稟受於天言之謂之性.; 『大學章句大全』 首章: 天之賦於人物者謂之命, 人與物受之者謂之性.

5) 『中庸章句』 20章: 思知人, 不可以不知天.

인간은 자연의 질서[天]를 인생의 준거로 이해하고 삶을 실현하기 때문이다(葛晨虹, 1998: 33-91).

그렇다면 인간의 존재 근거가 되는 하늘[天]은 무엇인가? 『천자문』의 첫머리에서도 묘사했듯이, '하늘은 가물가물 거리는[玄]' 그윽한 양상을 보인다. 그것은 파악하기 힘든 미스테리다. 그러기에 전지전능한 그 무엇으로 늘 인간의 관심 대상으로 남아 있다.

유교에서 하늘은 존재하는 모든 사물의 기초이자 창조의 근거다. 지고자至高者이고 거룩하고 선하고 참된 것이다. 이런 측면에서 하늘은 '밝음[明]', '존엄[嚴]', '신령스러움[靈]', '지속성[秩]', '권위[威]', '떳떳하고 변함없음[常]', '근본[大原]' 등의 덕성을 지닌다(김충렬, 1990: 69). 덕성은 하늘에 대한 인간의 자기 인식이다. 인간은 경험을 통해 의인화擬人化한 하늘을 파악한다. 그러므로 하늘은 인간 삶에 어떤 지남指南을 줄 만한 객관적 기준이 된다.

그것이 성리학에서는 태극太極이나 리理로 표현된다. 인간에게는 마음의 착할 가능성[善端]이나 본성의 착함[性善]으로 이해되었다. 『중용』에서 인간은 이런 하늘을 모방하고 하늘과 일치하려는 형식으로 나타난다. 그것이 이른 바 천인합일天人合一, 자연과 인간의 조화다.

하늘에 대한 인식은 '도덕적 의미로서의 의리천義理天'을 강구한 데서 그 연원을 찾을 수 있다. 『중용』의 첫마디인 천명지위성天命之謂性에서 하늘은 인간에 의해 도덕적 의미를 부여받는다. '지고한 우주의 근원적 원리highest primordial principle of the universe' 혹은 '도덕적 원리Moral Principle'로 이해되는 것이다(풍우란, 1952: 31). 이때의 하늘은 단순히 객관적 자연이나 종교적 숭배 대상을 넘어 도덕 정신의 기준으로 자리매김 된다. 즉 인간에게서 객관적이고 외재적 대상이던 것이 내면으로 반성된다. 거기에서 인간의 다양한 권리와 책임, 의무를 포함하는 삶의 바탕, 이른 바 윤리 의식이 형성된다. 그런 차원에서 인간 삶의 바탕은 자연적 질서로부터 선천적으로 부여되었다(Theodore De Bary & Tu Weiming, 1998: 12).

객관 대상인 하늘은 인간에게 삶의 지침과 권리를 주었다. 이는 단순한 하늘the sky로서의 물리적 실제가 아니다. 기독교나 이슬람교에서 말하는 전지전능한 유일신 하나님이나 알라가 모든 것을 주재하여 인간에게 부여한 것과도 근원적으로 다르다. 그것은 인식론적으로 인간이 자연의 질서를 삶의 관점에서 파악하고 도출했다는 의미다. 다시 말하면, '천명天命=성性'이라는 개념을 상정하여, 자연과 인간을 통일적이고 연속적으로 바라보려는 유교적 세계관의 표출이다. 배움의 차원에서 볼 때, 그것은 자연과 인간의 조화라는 측면에서, 유기체주의와 생태주의적 관점을 체득하는 작업과 통한다.

중요하게 고민해야 할 부분은 인간의 성性이다. 그것은 유교 전통에서 맹자의 '선단善端'을 의미한다. 앞에서도 누차 강조했지만, 선단은 완전히 선함을 갖춘 성이 아니다. 선의 가능성으로서 내재된 잠재태다. 그러기에 성선性善은 선단이라는 조그마한 싹을 근거로 점차 확충하여, 선을 길렀을 때 달성된다.

3-2. 자질의 확충과 배움의 길

'천명天命=성性'이라는 인식을 통해, 인간은 자연의 명령에 의해 자기 성품을 부여받았다. 그러기에 인간의 성품은 자연의 법칙과 질서를 모델로 하고 있다. 자연의 법칙과 질서는 인간의 자발적 수용에 의해 스스로 파악한 의리이자 도덕성이 된다. 이런 점에서 인간은 자신의 본성을 저절로 타고났다. 이는 일종의 자연주의적 특성을 띤다.

문제는 그런 유교의 자연성[본성]이 맹자에 의해 선단으로 주어지면서, 선을 향한 인위적 의미 부여가 너무나 강력하다는 점이다. 그것이 유교가 필연적으로 배움이나 학습의 양식을 강조하는 배경이리라.

앞에서 맹자를 다룰 때, 논의된 것이지만, 사안의 중요성을 감안하여, 여기에서 다시 부가해 본다. 선단은 측은惻隱·수오羞惡·사양辭讓·시비是非의 마음을 통해 인의예지仁義禮智의 단서로 드러난다. 모든 인간은 가슴 쓰라리게 불쌍히 여기는 마음, 옳지 않은 일을 부끄러워할 줄 아는 마음, 양보할 줄 아는 마음, 그리고 옳고 그름을 분별할 줄 아는 마음을 지녔다.

> 가슴 쓰라리게 불쌍한 마음이 없다거나, 착하지 않음을 부끄러워하는 마음이 없다거나, 자기를 떠나서 남에게 양보하는 마음이 없다거나, 선함을 옳게 여기고 악함을 그르게 여기는 마음이 없다면 사람이 아니다. 측은지심은 인仁의 실마리요, 수오지심은 의義의 실마리요, 사양지심은 예禮의 실마리요, 시비지심은 지智의 실마리다. 사람이 사단四端을 지니고 있는 것은 팔다리를 지니고 있는 것과 같다. 이 사단을 지니고 있으면서도 스스로 인의仁義를 행할 수 없다고 말하는 자는 자신을 해치는 자요, 자기 군주가 인의를 행할 수 없다고 말하는 자는 군주를 해치는 자다. 사단이 나에게 있는 것을 모두 넓혀서 채울 줄 알면, 불이 처음 타오르며 샘물이 처음 솟아 나오는 상황과 같다. 그것을 진실로 채울 수 있다면, 온 세상을 보호할 수 있고, 제대로 채우지 못한다면, 부모조차도 섬길 수 없으리라.[6]

---

6) 『孟子』「公孫丑」上：無惻隱之心, 非人也. 無羞惡之心, 非人也. 無辭讓之心, 非人也. 無是非之心, 非人也. 惻隱之心, 仁之端也. 羞惡之心, 義之端也. 辭讓之心, 禮之端也. 是非之心, 知之端也. 人之有是四端也, 猶其有四體也. 有是四端, 而自謂不能者, 自賊者也: 謂其君不能者, 賊其君者也. 凡有四端於我者, 知皆擴而充之矣. 若火之始然, 泉之始達. 苟能充之, 足以保四海. 苟不充之, 不足以事父母.

중요한 사실은 이 네 가지 덕이 '단서端緖'로 제시되었다는 점이다. 즉 가슴 쓰라리게 불쌍히 여기는 마음은 인의 단서, 옳지 않은 일을 부끄러워할 줄 아는 마음은 의의 단서이며, 양보할 줄 아는 마음은 예의 단서, 옳고 그름을 분별할 줄 아는 마음은 지의 단서다.

단서는 하나의 '실마리'로 발단發端이나 시작에 불과하다. 이미 만들어져 형태를 갖춘 온전한 사물을 의미하는 것이 아니다. 그러기에 인의예지라는 온전한 덕목은 외부에서 주어지지 않는다. 인간 자신이 본래 지니고 있는 단서를 통해 내부로부터 이루어진다. 여기에서 인간은 왜 이 단서를 따라야 하는지, 그것을 따르는 것이 왜 인간의 길이어야 하는지, 근거를 찾을 수 있다. 인간됨의 문제는 단초가 있고, 배움을 통해 사람다울 가능성을 확인하면서 해답을 요청해야 하기 때문이다.

"솔성지위도率性之謂道"의 성은 다름아닌 인의예지仁義禮智의 단서다. 그것은 하늘이 주고 인간이 받은 본성이다. 그 "본성을 따르는 일[率性]"을 인간의 길[道]로 규정한 것이 『중용』이다. 그러기에 주희는 다음과 같이 주석했다. "각기 본성의 저절로 그러함을 따른다고 하자. 그러면, 모든 사람이 그 본성에 따라 일상생활에서 마땅히 제각기 가야 할 길이 있게 된다. 그것이 길[道]이다."[7] 착한 본성에 대한 오해가 생길까봐 주희는 "따름

[率]"에 대해 자세하게 언급한다. 솔성의 뜻은 사람이 본성을 "거느린다는 것"이 아니다. 솔은 단지 '따른다'는 뜻으로만 풀이해야 한다. 본성이 착하기에 자연스럽게 따르면 되지 억지로 힘쓸 필요가 없기 때문이다(김수길, 2001: 105).

여기에서 "솔성率性"을 통한 배움의 의미는 분명해진다. "본성을 따른다"는 의미에서 볼 때, 솔率은 자신의 본성을 계발하고 조절하고 절제하는 작업이다. 그것은 유교에서 성인이 정해놓은 교육과정에 따라 학습하고 수양하는 공부 그 자체다(김충렬, 2007: 130). 우리는 이 지점에서 인간의 본성과 그것을 따르는 작업[率性]이 인간의 길[道]이어야 한다는 유교적 자연성과 배움의 양식을 성찰할 수 있다.

인간의 본성은 두 가지로 나누어 설명된다. 하나는 인간의 보편적 본성이고, 다른 하나는 개인의 특수한 본성이다. 보편적 본성은 오륜五倫과 같은 윤리의 배움을 통해 획득되고, 특수한 본성은 기질氣質의 차이에서 우러나오는 개인의 배움 행위로 구현된다.

배움은 이 두 가지 문제를 동시에 고민해야 한다. 인간의 보편적 본성을 인식한다면 모든 인간에게는 공통적으로 가야할

---

7) 『中庸章句』 1章 註 : 人物, 各循其性之自然, 則其日用事物之間, 莫不各有當行之路, 是則所謂道也.

길이 있다. 『중용』에서는 이를 오륜五倫이라는 다섯 가지 길과 그 실천 방법으로 지인용智仁勇이라는 세 가지 보편적 덕성을 제시한다.[8] 그것은 모든 인간에게 삶의 과정에서 배워야 할 과제로 부여된다.

한편, 개인의 본성이 다양하다는 측면에서 보면, 인간은 공동체 속에서 제각기 가야할 길이 있다. 개성의 다양함이나 차이는 그 다양성만큼이나 많은 삶의 패턴이나 도리를 낳고 삶의 길[道]을 복잡하게 만든다. 그 길은 개인이 일상을 살아가는 이치다. 때문에 세상을 살아가는 사람들은 제각기 자신의 자리에서 자신의 길을 간다. 그러기에 특수한 본성 측면에서 개인은 자신의 고유한 삶을 지속해야 한다. 그것은 개인의 배움이라는 삶의 기초 문제를 제기한다.

본성을 따르는 두 측면은 삶과 배움이 개인과 공동체 사이의 유기적 질서라는 통합적 양식을 제공한다. 개인의 삶과 배움, 공동체의 삶과 배움의 문제가 그것이다. 미국 프래그머티즘의 거장으로, 해방 이후 한국 교육에 큰 영향을 미친, 존 듀이의 견해도 이와 유사하다. 교육을 배움으로 바꾸고 현대적으로 재해석하면 그 대강은 다음과 같다.

---

8) 『中庸章句』 20章: 天下之達道五, 所以行之者三, 曰君臣也父子也夫婦也昆弟也朋友之交也五者, 天下之達道也, 智仁勇三者, 天下之達德也, 所以行之者, 一也.

배우는 개인은 사회적 개인이다. 사회는 개인의 유기적 통합체이다. 인간에게서 사회적 요인을 빼 버리면 남는 것은 추상적 존재일 뿐이다. 사회에서 개인적 요인을 빼버리면 남는 것은 무기력하고 생명 없는 덩어리일 뿐이다. 그러므로 배움은 인간의 능력과 관심과 습관에 대한 마음의 눈으로 통찰해야 한다. 배움의 모든 고비를 통제하는 것은, 바로 그와 동일한 고려에 의해서다. 인간의 능력과 관심과 습관은 끊임없이 다시 해석되어야 한다. 매 단계에서 우리는 그것들이 무엇을 의미하는지 알아야 한다. 우리는 그것들을 사회적 맥락에 비추어, 다시 말하면 그것들이 '사회에 어떤 기여를 할 수 있는가?' 라는 관점에서 해석해야 한다(J. Dewey, 1897).

개인과 공동체[사회]의 관계를 고려할 때, 개인성과 사회성의 차원에서 솔성率性은 특수한 개성과 보편적 인성[사회성]이 유기적으로 연관되어 있음을 전제로, 인간의 본성을 따르는 작업이다. 그것은 모든 인간이 가야할 길[道; way], 배움의 길로 확정된다.

그 길은 나의 본성, 너의 본성, 우리의 본성을 따라가는 행동을 통해, 문명의 질서를 만든다. 그 문명의 질서 속에서 나는 나의 성격character과 인격personality을 성숙한다. 성격은 개성으로서 인간성이요 인격은 유적 종으로서 인간성이다. 제각기 특색있는 성격들인 개인들이 유기적으로 화해和諧하여, 인류의 보편적 인격과 부합하면서 사회는 진보한다. 크게 보면 인류

사회의 성장이 이루어진다.

이 배움의 길은 자연[性]과 문명[敎]의 가교이다(김용옥, 1995: 69). 그러므로 배움의 길은 문명의 질서를 끊임없이 강구하는 인간의 삶에서 잠시도 떠날 수 없다. 쉽게 보이거나 드러나지는 않지만, "홀로 있을 때를 삼가는" 신독愼獨으로 표출된다.[9)]

3-3. 삶의 질 향상과 문화의 창출

인간의 본성을 따르는 작업, 그 길을 자연스럽게 갈 수 있는 방법은 무엇인가? 그것은 길을 닦는 일, 수도修道의 작업을 통해 승화된다.

유기적 연관을 놓치지 않기 위해, 다시 설명해 보자. 인간 존재는 하늘의 명령인 자연의 질서와 법칙[天道]을 부여받았다[天命, 性]. 그러기에 자연 법칙을 본받아 자신의 길을 가야 한다. 그것이 인간의 삶이다[率性, 道]. 유교[성리학]의 체계와 구조로 인해, 인간은 선천적으로 부여된 자연 법칙과 그 질서를 절대적으로 따라야 한다. 인간의 삶은 선택의 여지없이 자연 질서에의 순응을 지향해야 한다. 이것은 유교[주자학]의 구조에서 이탈하기 어려운 사고다.

9) 『中庸章句』 1章 註: 道也者, 不可須臾離也……莫顯乎隱, 莫顯乎微, 故君子愼其獨也.

앞에서 언급했듯이, 길은 모든 인간이 가야할 '삶의 길'이다. 삶 자체를 수양의 과정으로 본다면, 그것은 '배움의 길'이자 '학습'의 지속성이다. 보편적이든 특수한 것이든, 배움의 길은 본성을 따르는 일이었다. 개체로서의 성격 확보인 개성과 인간으로서 인격 확보인 인간성의 체득. 그렇다면, '고행苦行하는 수도자修道者'와 같은 말에서 보이듯이, 수도修道란 무엇을 의미하는가?

주희는 수修 – 닦음 – 를 "차등을 두어 절차를 매긴다"[10]고 했다. 이런 해석에 충실한다면, 수도修道, '길을 닦는다'는 말은 '삶의 길에 차등을 두어 절차를 매긴다'는 뜻이다. 다시 말하면, 제재하고 교정하는 작업을 통해, 지나친 것과 부족한 것을 마름질하고 바로 잡아서, 중도에 맞게 하는 일이다(박완식, 2005: 71).

예를 들면, 가문에서도 종가의 위치와 역할, 집안 어른과 아이들의 위상에 따라 예절에 차등이 있고, 사람 사이에도 친분 관계에 따라 예의가 다르다. 일상생활의 모든 측면에서 인간은 때와 상황에 따라, 능력과 자질에 따라 주어진 절차와 제도를 운용한다. 이때 삶의 기준을 고려하는 예의와 질서의 부여, 그것을 교敎 – 가르침 – 라고 한다. 다시 말하면, 인간의 삶을 보다 질서 있고, 합리적일 수 있도록 배려하는 마당이 교敎다. 그

---

10) 『中庸章句』 1章 註: 修, 品節之也.

러므로 교教는 예악禮樂이나 형정刑政의 형태로, 현실 사회를 운용하는 제도적 장치로 드러난다.[11)]

모든 인간은 일상에서 나름대로의 길을 간다. 공동체를 위한 것이든 개인을 위한 것이든, 인간은 자신의 길 위에서, 삶을 위한 제도적 장치를 근거로 마름질해야 한다. 그것이 삶의 질을 향상하는 작업[修道]이고 문화와 제도를 창출하는 일[教]이다. 현대적 의미로 본다면, 수도를 통한 교는 문화와 문명을 통해 끊임없이 삶의 질을 승화하는, 배움의 행위와 효과에 해당한다.

이 지점에서 매우 주의해야 할 부분이 있다. 다름 아닌 교教에 대한 관점이다. 교教는 일반적으로 '가르침'으로 인식한다. '교수자가 학습자를 가르치는' 행위. 그것은 교사가 학생을 지시하고 감독하며 이끌어가는 페다고지pedagogy 형식의 수직적 교수 모형으로 이해될 수 있다. 그러나 "수도지위교修道之謂教"에서 교教는 수도修道의 내용이자 그 과정을 통해 드러나는 배움의 공효功效를 의미한다. 공효로 드러난 교教는 다시 수도修道의 과정이 된다.

예컨대 사람이 살 수 있는 땅을 만들기 위해서는 호랑이나 표범 같은 맹수 떼를 몰아내야 한다. 그리고 우거진 산림을 밭으로 가꾸려면 풀을 제거하고 나무를 뽑아낸 뒤에나 가능하다.

---

11) 『中庸章句』 1章 註: 教, 禮樂刑政之屬, 是也.

해충이 없는데도 해충을 제거하기 위해 쓸데없이 밭에 불을 놓을 필요는 없다. 이처럼 모든 일은 그 성격에 따라 처리하는 방식에 차이가 있다. 순서와 절차가 있다. 인간의 경우, 상황에 따라, 사람마다 제각기 자신의 역할과 기능에 따라, 정해진 자리를 얻게 하는 일, 그것이 교敎다(김수길, 2001: 114).

인간사에서 중요한 '효도'를 예로 들어 보자. 어떤 사람은 기운이 부드러워 부모를 모실 때 지나치게 온화하고, 어떤 사람은 기운이 강하여 지나치게 엄숙할 수 있다. 서로 다른 성격을 지닌 사람에게서 효도의 방식도 차이가 있음은 당연하다. 이때 효도의 방식을 하나로만 정해 놓을 경우, 절도에 맞지 않게 될 수 있다. 그러므로 효도하는 방식에서 인간이 처한 상황에 따라, 그 사람에게 적절한 차등과 절차를 만드는 작업, 그것이 교敎다.

이런 인식은 통상적으로 교사가 일정하게 정해진 교육과정에 따라 학생에게 전수하는 가르침의 행위와는 차원을 달리한다. "수도지위교修道之謂敎"에서 교敎는 인간의 길을 마름질하는 작업이라는 점에서 삶의 질을 승화하려는 노력과 삶에 가장 적합한 문화를 만드는 행위와 상통한다. 형성된 문화는 다시 삶에서 배워야 할 내용을 담보한다. 이런 점에서 교敎는 본성의 발현에서 시작하여 예악형정禮樂刑政으로 대변되는 문화와 제도를 창출하고 그것을 지속하거나 혁신하는 삶의 바탕이 된다. 인간이 배움을 중시하는 까닭도 이러한 삶의 존재 근거를 확보하려는 노력에 다름 아니다.

지금까지 논의한 '성-도-교'의 관계를 배움과 연관하여 제시하면 <표4-2>와 같다.

〈표4-2〉 성-도-교의 관계와 특성

개념	성性	도道	교敎
인간적 성격	선천적 구비 자연의 질서 자연 성격 및 인격적 잠재능력	선천의 후천화 인식 자연의 문명화 계기 인간 성격 및 인격 함양의 각성	후천적 노력 문명의 강구 사회 성격 및 인격 함양과 성찰
배움의 차원	배움의 근거 배움의 원인 삶의 이유 유기체적 생태적 배움	배움의 과정 배움의 작용 삶의 터전 마련 인성의 체득	배움의 승화 배움의 공효 삶의 지속 문화 진보와 문명화

4. 인간성과 배움의 길, 그리고 문명화

『중용』의 첫머리는 하늘[자연의 법칙]과 인간의 본성, 그리고 인간의 길, 인간이 만들어 놓은 문화 세계의 질서가 어떻게 구축되는지 유기적으로 보여준다. 본성의 파악과 함양을 통해 문명화의 길로 나아가는 과정을 함축적으로 그리고 있다.

"하늘이 명한 것을 본성이라 한다!"
"본성을 따르는 것을 길이라고 한다!"
"길을 닦는 것을 가르침이라고 한다!"

자연[하늘]은 모든 사물의 존재근거다. 원래 있는 그대로. 의미를 부여하면 하늘은 인간을 비롯한 모든 생명체를 낳았다.

그리고 그 생명들에게 각기 나름대로 살아갈 수 있는 능력을 부여하였다. 그것이 선천적 본성[性]이다. 인간의 경우, 그 본성을 잘 가꾸고 길러 인간다운 문화를 만들 수 있는 방법과 과정을 거쳐야 한다. 그것이 길[道]이다. 인간은 그런 길을 끊임없이 오고 가며 문명과 질서를 배우고 익히며, 삶의 틀인 제도를 정비해야 한다. 그것이 가르침[教]이다.

자연의 명령[天命]에서 본성[性] → 길[道] → 가르침[教]으로 이어지는 삶의 과정은 필연적으로 배움을 이끌어 낸다. 인간의 본성[性]은 그 자체가 천명天命이라는 점에서 거역할 수 없는 규범을 나타낸다. 길[道]은 규범으로서 성을 따르는 방법 또는 과정을 말한다. 가르침[教]은 그 본성의 확장과 체득體得의 결과를 이행하는 실제적 활동을 가리킨다. 이는 성性의 의미를 확충하고 실현하는 과정으로 가르침[教]에 무게중심이 있다. 가르침은 문화적 성취이자 문명화다. 따라서 『중용』 1장 첫 구절은 교教의 차원, 인류의 문명화와 그 진정한 운용에서 완결성을 갖는다.

다시 정돈해 본다.

첫 번째 구절, 천명지위성天命之謂性에서 성性은 하늘에서 받은 것이긴 하지만, 완전한 인간의 본성은 아니다. 그것은 맹자가 말한 것처럼 선단善端으로 존재한다. 그래야 뒤이어 나오는 솔성率性과 수도修道의 근거가 될 수 있다. 온전하지 않고 가능성과 잠재능력으로 존재하기에, 절제와 교화를 통해 계발할 것을 요청한다. 이는 배움의 가능성, 배움의 근거로서 인간성의 해명이다.

두 번째 구절, '솔성지위도率性之謂道'에서 도道는 본성을 따라 그에 적합한 길을 가는 작업이다. 선단善端으로 존재하는 성性을 스스로 노력하여 성취하는 일이다. 그것은 삶의 길이자, 자기 노력이며 유교적 차원의 인성교육, 성격과 인격 완성을 지향한다. 이는 배움의 과정이자 작용이다.

세 번째 구절, '수도지위교修道之謂敎'에서 교敎는 길을 마름질하여 문화를 창출하는 사업이다. 수도修道는 인간 스스로 길을 더욱 개척하고 확대하는 일로 문명의 건설과 통한다. 문화의 지속적 업그레이드! 문화의 창출은 다름 아닌 배움의 과정 끝에 만들어지는 제도적 성과다. 끊임없이 배움의 과정을 질적으로 끌어 올리며, 사람마다 제각기 적절한 중용의 길을 제시한다. 그러기에 교敎는 일반적 의미의 '교수－학습'이라는 전수 행위가 아니라, 삶에 관한 자기 깨달음이다. 그 절정에 인간의 역할과 기능, 책임과 의무가 교敎의 양식으로 자리매김 되었다. 이는 배움의 승화요 효과에 해당한다.

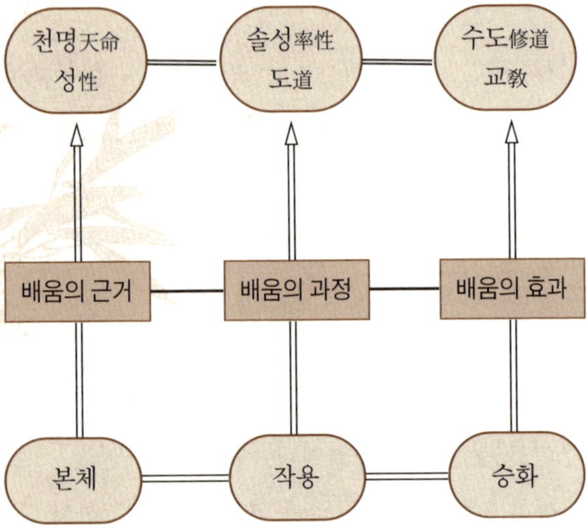

〔그림4-3〕『중용』의 배움

제5부

유교 儒敎

평생을 배움에 묻고

일상의 건강을 염원하는 몸짓

그 화해和諧의 배움 체계

1. 배움의 일생

인간의 삶은 배움의 과정이다. 그것은 사람에 따라 정도의 차이가 있을 뿐, 일상을 통해 진행된다. 유교儒教는 삶의 합리적 운용을 도모하며, 배움의 문제 –'학습學習' – 를 사상 실천의 핵심으로 제기한다. 유교는 유학儒學이나 유가儒家라고도 하는데, 엄밀한 의미에서는 뉘앙스 차이가 있다. 그러나 원시유학에서 공자 · 맹자 · 순자, 신유학에서 주자, 조선유학자들의 사유와 문화, 행위가 배움의 과정으로 점철되어 있다는 점에서는 동일하다.

주지하다시피, 유교 경전의 표준인 『논어』는 첫 구절을 "학이시습지 불역열호學而時習之 不亦說乎"라는 배움론을 전면에 내세운다. 배움의 한자어인 학습學習의 출전이 "학이시습學而時

習"이다. 주자학에서도『소학』과『대학』으로 배움의 단계를 설정하면서 '배움[學]'의 문제를 체계화하고 있다. 이외에도『맹자』나『순자荀子』의 곳곳에 '학문學問'의 중요성을 언급하고 있고, 성리학의 집대성 자료인『성리대전性理大全』에서도 총70권 중 14권이「학學」으로 구성되어 있다. 뿐만 아니라 조선 유교의 경우, 퇴계退溪의『성학십도聖學十圖』나 율곡栗谷의『성학집요聖學輯要』에서 엿볼 수 있듯이, 유학자들은 배움 이론의 심화를 통해 성학聖學을 공고히 하였다.

다시 말하면, 선진先秦의 원시유교에서 송명대의 성리학, 조선 유교에 이르기까지, 유교는 '학습學習'을 지향하는 배움의 이론 체계이자, 실천 철학이다. 그것은 일반적으로 수양론修養論이나 공부론工夫論에서 확연히 드러나고, 수기치인修己治人의 배움 이론으로 요약된다.

『논어』에서 강조하는 인仁의 실천,『맹자』의 사단四端이나 구방심求放心, 부동심不動心, 호연지기浩然之氣나 지언知言,『순자』의 권학勸學이나 적습론積習論 등에서 언급되는 배움의 문제나 송명리학宋明理學에서 강조하는 함양涵養·성찰省察, 격물格物·치지致知, 지행知行, 위학爲學 등은 모두 배움의 이행을 통해 삶의 올바름을 갈구한다.

그런데 이러한 유교 전통의 배움은 서구의 교수학습이론이

유입되면서 그 의미나 맥락상 상당한 혼란을 겪는다. 거의 해체 수준에 이른다. 서구의 심리학은 과학적 방법이라는 미명하에, 인간의 행동을 동물적 실험을 통해 분석하였다. 이른바 '자극(S) – 반응(R)'을 기초로 하는 학습이론은 교육과 학습을 분리하여, '교수자 – 학습자'의 관계를 '자극을 주는 자 – 반응하는 자' 사이의 상하 수직적 관계로 엮어 내었다.

물론, 현대 서구교육은 다양한 차원의 학습이론을 제기하였고, 구성주의 교육방법에서 언급하는 '자기 주도적 학습self directed learning'이나 '자기 조절 학습'의 경우, 유교의 학습 전통과 상당히 닮아 있는 측면이 발견되기도 한다. 그러나 서구의 전통 철학과 과학은 교육과 학습의 문제를 늘 대립 항으로 두고, 그 상호작용 관계를 상황에 따라 논의하는 방식을 취한다. 이는 『역경易經』에서 말하는 유교의 대대對待 방식과는 본질을 달리한다. 그것은 학습이나 배움을 매우 수동적이고 타율적인 양식으로 전락시키는 우愚를 범할 수 있다.

사실, 『예기禮記』「학기學記」의 "교학상장教學相長"이란 말에서 확인할 수 있듯이, 가르침과 배움[教學]의 문제는 상호 격려의 차원이자, 동일한 영역의 다른 이름이다. 진시황이 문자를 통일하기 이전에 교教와 학學은 효斆라는 언어 속에서 동일한 의미로 통용되고 있다.

특히 '효爻+자子'는 교敎와 학學의 공통분모이다. 따라서 교육과 학습에서 가장 중요하게 인식해야 할 문제다. 이는 '인간의 세계에 대한 이해[孝; 爻+子]'가 교학의 근본일 수 있다는 의미다. 이후, 효斅의 분화 과정에서 교敎는 복攴이 강조되는 양상이고, 학學은 복攴의 요소를 약화하는 문화 현상으로 변모한다.

이 중에서도 '배움[學]'은 '수교受敎' '각오覺悟' '효법效法' '교도敎導' '학문學問' '학설學說' 등 다양한 형태로 명명된다. '가르침을 받다, 깨닫다, 인도하다, 묻다, 도리를 말하다' 등 복잡하면서도 포괄적 의미를 지니게 되었다. 그것은 인간이 지닌 어떤 삶의 양식보다도 자발적이고 긴요하며 필연적이라는 차원에서, 의미심장하다.

2. 배움[學]과 익힘[習]

학습學習은 배움과 관련하여 가장 많이 언급되는 말이다. 동아시아 유교에서 학습이란 말은 어디에서 나왔을까? 학學이란 용어는 여러 경전에서 엄청나게 등장한다. 『논어』에만 63차례나 언급된다. 그러나 그것이 습習과 결합되어, 학습學習이라는 용어로 쓰인 사례를 찾기란, 쉽지 않다. 대신, 앞에서 언급한 것처럼, 『논어』의 첫 편이 「학이學而」이고 첫 구절이 "학이시습지學而時習之"로 규정되어 있다는 점에서, 학습의 맥락을 유추할 수는 있다.

『논어』에는 왜 학습學習과 관련되는 내용이 맨 처음 등장할까? 『논어』의 편집자들이 의도적으로 이런 구성을 한 것은 아닐까? 유교가 학습을 강조하는 이론과 실천의 학문임을 천명하기 위한 계산된 작업은 아니었을까? 어떤 의도와 지향을 담고 있건, 유교 최고의 경전인 『논어』, 그 첫 머리에 "배움[學]"을 배치했다는 것은 유교가 '배움의 시스템'임을 선언한 것이다.

유교는 인간 삶의 모든 문제를 배움에서 시작하려는 의도와 지향을 품고 있다. 『논어』에서 공자가 주장하는 배움의 개념을 논리적이고 체계적으로 이해하는 데는 난점이 있다. 왜냐하면 공자는 주체와 대상, 상황에 따라 배움을 다양한 개념으로 사용하기 때문이다. 그렇다고 하더라도 학學은 크게 '식識과 효效와 각覺'의 세 가지 의미로 나누어 볼 수 있다(이경무, 2007). 사물에 대한 지각과 인식-본받음을 통한 모방-깨달음의 구조. 그것은 필연적으로 습習과 연결되어 학學의 완결성을 담보한다.

이런 점에서 학습學習의 출처를 『논어』의 첫 구절에서 찾는다고 해도, 무리는 아닐 것 같다. 우리는 왜 배우는가? 삶에 필요한 윤리도덕과 지식, 기능의 습득을 위해서다. 그것은 동서고금을 막론하고 인간에게서 보편적이다. 물론 특정한 저작에 담긴 지식을 수용하는 작업이나 경험적 · 감성적 지식이나 도덕 · 윤리적 기반의 체득도 포함한다. 습習은 이런 지식과 윤리도덕의 심화 과정이자 궁극적으로는 그것을 체화體化하고 승화昇華하는 작업이다. 온습溫習과 실습實習, 연습練習과 같은 행위가 이에 해당한다. 현대적 의미에서는 온전한 복습復習, 응용應用이나 습득習得과도 유사하다(燕國材, 2004: 7).

여기에서 학學과 습習의 문자를 간략하게 분석하면서, 그 원초적 맥락을 짚어보자. 학學은 네 글자[爻+臼+冖+子]의 결합이다. 글자의 윗부분은 臼자 안에 爻자가 들어 있는 형상이다. 臼는 원래 양 손[又+又]이 마주보고 있는 모습인데, 두 손으로 무언가를 움켜잡고 있는 형상이다. 爻는 음陰(-; --)과 양陽(+;—)으로 상징되는 사물의 근원적 요소가 서로 얽혀 있는, 그물망과 같이 상호 교차된 우주의 모습(☯)이다. 따라서 학學의 윗부분은 복잡다단하게 얽혀 있는 세계를 두 손이 움켜쥐고 있는 상황이다. 세계가 이미 나와 접촉하고 마주하며 내 손 안에 들어 있다. 혹은 내가 세계에 다가가서 대상세계를 만나고 있다는 의미다.

그런데 중간부분에는 冖이 자리하여 아랫부분의 子가 의식하려는 지향을 막고 있다. 冖은 '물건을 덮은 모양'을 표현한 글자다. 천으로 물건을 덮었는데 위쪽은 편편하고 양쪽 가장자리가 아래로 내려진 모습을 본떴다. 물건을 덮는다는 것은 물건을 가리고 있는 모습을 상징한다. 가려진 물건은 보이지 않으므로 파악하기 어렵다. 천에 물건이 가려진 것처럼, 인간은 무언가에 가려져 지혜롭지 못한 양상으로 존재한다. 아직 깨우치지 못한 상태로 무지몽매無知蒙昧하다. 이는 앞에서 설명한 『주역』의 네 번째 "몽蒙"괘와 통한다. 원초적으로 몽蒙에서 벗어나려는 인간의 의지!

글자의 모습으로 본 배움[學]의 이미지를 정돈해보자. 윗부분은 세계와 마주하는 인간의 삶이다. 두 손은 세계를 끌어안고 있고, 인간은 어떤 행위를 위한 준비태세를 갖추고 있다. 아래 부분은 아직 깨우치지 못한 어리석은 사람이 무언가에 가려 상황을 파악하지 못하고 허둥댄다. 이 지점에서 무지몽매를 타파하려는 인간의 본성, 이른바 인지적認知的 · 정의적情意的 발달이 연상된다.

합쳐서 보면 내 손에 잡은 세계, 이미 마주치고 있는 세계를, 아직 깨우치지 못한 상태에서, 그것을 분명히 밝혀보려는 자기노력으로 해석 가능하다. 때문에 "깨달음이나 깨우침" "본받음"으로 표현했다.[1] 이는 배움[學]이 세계와 인간의 만남을 전제로 하되, 무지몽매에서 벗어나려는 자기노력의 과정으로 이해된다. 다시 말하면, 이미 세계를 접촉하고 있는 어리석은 인간이 아직 깨우치지 못했음을 인식하고 부지런히 본받으며 애쓰는 모습이다.

주의할 점이 있다. 유교의 배움은, 결코, 오늘날 서구의 교수-학습처럼, 대상화된 학습자가 교수자에게서 특정한 내용을 전달받거나 얻어내는 타율적 모습이 아니라는 것이다. 철저한 자발성에 기인한다!

---

1) 『說文解字』: 覺悟也. 『廣雅』『論語』: 效也.

습習은 두 글자[羽+日]의 결합이다. 윗부분의 羽는 새의 날개 – 새가 날개 짓하는 모습 – 를 뜻하고, 日은 날마다 – 매일 – 를 의미한다. 따라서 새가 매일 여러 번 나는 것을 배우는 일로 묘사된다. 이는 '되풀이 하여 반복하다'는 뜻으로, 어린 새가 날기 위하여 날개를 되풀이 하며 파닥거리는 동안, 시행착오를 거듭하여 잘 날 수 있는 상황과 같다. 미국의 소설가 리처드 바크Richard Bach의 『갈매기의 꿈*Jonathan Livingston Seagull*』에 나오는 주인공의 비행 체험을 연상하면 쉽게 이해할 수도 있겠다.

이러한 새의 날기 연습에 비유하여, 습習을 인간의 삶에 적용할 수 있다. 그것은 인간이 타고난 재주를 반복하여 익히는 동안, 그에 대한 이해가 깊어지고, 드디어 자기 것으로 체득하는 논리다. 인간은 습習을 통해 자신의 잠재능력을 성장시킬 수 있다. 부단한 노력을 통해 부정적 습관을 바꿀 수도 있고, 환경을 극복할 수도 있다. 그리하여 궁극적으로 자신의 정체성을 형성하여 쉽게 변하지 않은 상태에 이른다. 그것은 습관習慣, 습속習俗, 연습練習, 복습復習 등 다양한 일상용어로 녹아 있다.

'자기 노력'의 차원에서 보면, 습習은 학學과 동일하다.[2)] 하지만 의미와 방법의 차원에서 훨씬 심원하다. 단순한 본받음이나 깨달음의 차원을 넘어, 공자의 태도처럼 일관지도一貫之道로 꿰

2) 『呂氏春秋』「听言」高誘 注: 習, 學也.

뚫는 작업이다. 체득體得이나 능숙능란能熟能爛과 연관된다. 그러기에 "배움[學]을 그만두지 않은 상황을, 새가 자주 나는 것과 같다"[3]고 했다. 그것은 배움[學]이 익힘[習]으로 이어져, 배움의 온전한 체계로 굳어져야 함을 반증한다.

〈표5-1〉 배움[學]과 익힘[習]의 특성

구분	내용 특성	방법 효과
배움[學]	세계와의 만남 깨달음 깨우침 본받음	가능성 변화 자기노력
익힘[習]	지속적 교류 습관화 체득 능숙능란 응용	현실화 체화 중층적 자기노력

3) 『論語』「學而」: 學而不已, 如鳥數飛也.

3. 원시유교 : 배움의 중요성 인식

3-1. 유교의 출발과 배움론의 등장

잘 알려져 있듯이, 『논어』에는 다양하고 광범위한 내용이 담겨 있다. 일상생활이나 정치, 경제, 예절, 인물 등 여러 가지 사유가 문답식으로 흩어져 있다. 그래도 핵심 사상은 '인仁', 한 글자로 압축할 수 있고, 그 인간상은 '군자君子'로 제시된다.

인仁은 한 마디로 정리하면, "사람을 사랑하는 일"이다.[4] "노인을 편안하게 모시고 동료들과 신의를 지키며 어린이를 잘 돌보는 자세"다.[5] 흔히 "어질다"는 말로 표현되듯이 "모질다"의

---

4) 『論語』「顔淵」: 樊遲問 仁, 子曰 愛人.

5) 『論語』「公冶長」: 子曰, 老者安之, 朋友信之, 少者懷之.

상대어로, 일종의 열린 마음open mind이요 포용성包容性이다. 그러기에 자신을 포함하여, 생명력을 간직한 인간을 배려하는 덕목으로 대표된다. 이른 바, "충서忠恕"로 요약되는, '자기충실'과 '타자배려'라는 사람에 대한 관심이다.

『논어』 첫 구절에서 확인할 수 있듯이, 학습學習 – 배움 – 은 유교의 화두다. 그래서인지 학습은 삶의 핵심 특성인 동시에 유기체로 등장한다.

공자의 말씀

① 생활에 필요한 삶의 이치를 배우고 늘 그것을 익히면 기쁘지 아니한가?
② 뜻이 같은 친구가 먼 곳으로부터 나를 만나러 온다면 즐겁지 아니한가?
③ 사람들이 알아주지 않더라도 성내지 않는다면 배운 사람이 아니겠는가?[6]

이 구절은 웬만한 교양 수준에 있는 사람이라면, 누구나 알고 있을 정도로 유명하다. 그러나 널리 알려져 있는 만큼, 소수

6) 『論語』 「學而」 : 子曰, 學而時習之, 不亦說乎? 有朋自遠方來, 不亦樂乎? 人不知而不慍, 不亦君子乎?(번호①②③은 논의 전개의 편의상 붙였고, 배움의 문제를 부각하기 위하여 군자(君子)를 '배운 사람'으로 의역함. 의역 방식은 이하 필요할 때마다 적용함).

의 전문가를 제외하고, 그 의미 맥락을 구체적으로 인식하는 사람은 드물다. 특히, 이 세 구절은 한 구절씩 별도로 읽어서는 곤란하다. 하나의 세트로 그 의미와 맥락을 짚어내야 한다.

첫 세 구절의 맥락은 학습의 차원에서, '① 학습學習 – 기쁨[說], ② 붕래朋來 – 즐거움[樂], ③ 부지불온不知不慍 – 사람다움[君子]'으로 요약된다. ① 개인으로서 인간[자기]의 배움과 익힘 – ② 인간[자기]과 인간[타인]의 만남 – ③ 인간[타인]의 인간[자기] 인식이라는 유기적 상황은 삶의 기본 양식을 일러 준다. 여기에서 배움은 모든 삶의 전제로 작용한다. ①은 개인의 배움에 해당하고, ②는 뜻을 함께 하는 동지, 즉 타자와 더불어 하는 상호 배움이나 공동체에서 배움의 모습이요, ③은 공동체를 넘어, 다시 나를 확인하는 승화되고 초월적 배움의 양상이다.

유교의 학습學習에서 배움[學]은 모든 사물에 대한 막연한 배움이 아니다. 문화의 총체로 볼 수 있는 육예六藝의 배움이다. 육예는 흔히 "예악사어서수禮樂射御書數"를 지칭하기도 하고, "시서예악춘추역詩書禮樂春秋易", 즉 『시경詩經』『서경書經』『예기禮記』『악경樂經』『춘추春秋』『역경易經』의 육경六經을 의미하기도 한다. 어떤 것을 지칭하건, 그 내용은 인생의 전 영역을 아우르는 삶의 기술이요, 선왕先王의 도道인 수기치인修己治人,

성기성물成己成物, 내성외왕內聖外王의 길이다. 넓은 의미에서 삶의 건전함을 꾀하는 윤리의 체득, 삶의 예술이다.

현대적 의미에서 볼 때, 인문, 사회, 자연과학은 물론 예체능의 내용을 기본적으로 습득하여 전인全人: whole-man을 모색하는 과정이다. 그것은 전인교육全人敎育 내지 통합학습統合學習에 해당한다. 주희는 그것을 배움의 과정으로 이해하고 다음과 같이 부연 설명하였다.

ⅰ) 배움의 시작

> 배움의 시작은 익숙해지는 것을 전제로 진행된다. 사람은 배운 뒤에 알고 또 능숙해 진다. 그리고 앎의 이치와 능숙한 일에 대하여 수시로 반복하고 익힌다. 새가 끊임없이 날개 짓하여 날 수 있듯이 말이다. 배운 것이 익숙해지면 마음에 희열을 느끼게 된다. 사람이 배우지 아니하면 당연히 알아야 할 이치를 알 수 없고 맡은 일에 능숙할 수 없어 아무 생각 없이 무턱대고 살아가게 된다. 배웠는데 익히지 않으면 겉과 안이 어그러져서 가야할 길을 알 수 없고, 익혔는데 실행하지 않으면 공부가 끊겨서 효과를 볼 수 없다. 그러므로 배운 뒤에 항상 그것을 익히면 마음과 이치가 서로 부합한다. 아는 것은 더욱 정밀해져 마음이 편안해지고, 능숙한 것은 더욱 견고해져 마음이 차분해 진다.

ii) 배움의 중간

배움의 중간 과정은 남에게 좋은 영향력을 미쳐서, 믿고 따르는 사람이 많게 되는 상황이다. 세상의 이치와 의리는 사람이 공통적으로 지닌 것이지, 나 홀로 지닌 것이 아니다. 예전에 내가 어떤 사물에 대해, 나 혼자 그 이치를 얻었다고 생각했다. 그런데 그것을 사람들에게 일러 주어도 믿지 않고, 사람들이 따르지 않았다. 이런 상황에서 나 혼자 그 이치를 얻었다고 강변할 수 있겠는가? 이런 이치로 갈팡질팡 거리며 살아가니, 그 마음을 다른 사람과 공유하지 못하는 것이다. 지금 나의 배움은 내가 애쓴 결과지만, 그것은 사람들과 공유해야 한다. 나아가 사람들이 나를 믿고 따른다면, 그 마음에 모두 같은 뜻을 얻은 것으로 볼 수 있다.

iii) 배움의 종결

나는 열심히 노력하고 있다. 그런데 사람들이 나를 알아주지 않는다. 이럴 때 서운한 감정이 없을 수 없다. 그런데, 이 서운함은 어디에 기인한 것일까? 다른 사람에게 무언가를 기대하는 것이 있기 때문이다. 배움은 자기를 위한 것! 대부분의 사람들이 자기를 위한 배움을 근본으로 삼지 않는다. 때문에 사람들이 알아주기 바란다. 자기를 위해 배운다면, 사람들에게 자기의 앎을 막 드러내려고 하지 않는다. 태연하게 거처한다. 알아봐 주지 않아도 티끌만큼도 성내지 않는다. 이처럼 불평하는 뜻이 없어야 훌륭한 덕을 지닌 사람이다. 날마다 덕을 쌓아 그치지 아니하면, 사람들을 원망하지도 허물하지도 않고, 아래로부터 배워 위로 통달하게 된다.[7)]

이처럼 주희는『논어』의 첫 세 구절을 배움의 유기적 과정으로 이해했다.

배움은 다름 아닌,
자기만족이다!
타인과의 어울림이다!
내면적 성찰이다!

7)『論語或問』「學而」: i) 曰 學而時習, 何以說也? 曰 言人旣學而知. 且能矣, 而於其所知之理, 所能之事, 又以時反復 而溫繹之, 如鳥之習飛, 然則其所學者, 熟而中心悅懌也. 蓋人而不學, 則無以知其所當知之理, 無以能其所當能之事, 固若冥行而已矣. 然學矣, 而不習, 則表裏扞格, 而無以致其學之之道. 習矣, 而不時, 則工夫間斷, 而無以成其習之之功, 是其胸中, 雖欲勉焉, 以自進, 亦且枯燥生澁, 而無可嗜之味, 危殆杌隉, 而無可卽之安矣. 故旣學矣, 又必時時習之, 則其心與理相涵, 而所知者, 益精身與事相安, 而所能者, 益固從容於朝夕俯仰之中. 凡其所學而知, 且能者, 必皆有以自得於心, 而不能以語諸人者, 是其中心油然悅懌之味, 雖芻豢之甘於口, 亦不足以喻其美矣. 此學之始也.

다시 정리하면 배움의 시작 단계는 학이시습學而時習의 기쁨이자 즐거움이다. 주체의 마음에 흡족한 희열이 느껴지는 상황, 이른 바 수기修己요 성기成己이며 내성內聖에 해당한다.

배움의 중간 과정은 유붕자원방래有朋自遠方來의 즐거움이다. 이는 올바름 혹은 선善을 공유하려는 인간의 만남이다. 자기와 동지同志인 타인과의 관계 속에서 타자들에게 서로 긍정적 영향력을 미치는 배려이자 관심이며 이해다. 그것은 안인安人으로 볼 수 있다. 치인治人이자 성물成物과 통한다.

배움의 마무리 단계는 인부지이불온人不知而不慍의 사람됨에서 사람다움으로의 승화다. 자기성찰의 강화와 완성된 인간으로서 군자의 모습을 드러낸다. 군자는 동지뿐만 아니라 모든

---

ii) 曰 以善及人 而信從者衆, 若何而樂耶? 曰 理義人心之所同然, 非有我之得私也. 向也, 吾獨得之, 雖足以爲說矣. 然以之告人而人莫之信, 以之率人而莫之從, 則是獨擅乎! 此理而擧世倀倀, 不得於其心之所同也. 是猶十人同食, 一人旣飽, 而九人不下咽, 則吾之所說, 雖深亦曷爲而能達於外耶? 今吾之學, 所以得於己者, 旣足以及人, 人之信而從者, 又如此, 其衆也, 則將皆有以得其心之所同然者, 而吾之所得, 不獨爲一己之私矣. 夫我之善, 有以及於彼, 彼之善有以得乎! 我吾之所知者, 彼亦從而知之也. 吾之所能者, 彼亦從而能之也, 則其歡忻交通宣揚發暢, 雖宮商宣律呂諧和, 亦不足以方其樂矣. 是學之中也.

iii)曰 人不知而不慍, 何以爲君子也? 曰 常人之情, 人不知而不能不慍者, 有待於外也. 若聖門之學, 則以爲己, 而己本非爲, 是以求人之知也. 人知之, 人不知之, 亦何加損於我哉! 然人雖或聞此矣, 而信之有不篤, 養之有不厚, 守之有不固, 則居之不安, 而臨事未必果能, 眞不動也. 今也, 人不見知, 而處之泰然, 且略無纖芥含怒, 不平之意, 非成德之君子, 其孰能之, 自是日進而不已焉, 則不怨不尤, 下學上達, 雖至於聖人, 可也. 此學之終也.(번호 ①②③은 설명의 편의상 필자가 붙였고, 현대적 의미로 의역함).

인간을 화이부동和而不同의 포용력으로 화해하는 안백성安百姓의 배움을 실천하는 인간이다(서근식, 2008).[8] 그것은 정치적으로 온전한 복지를 실천하는 외왕外王에 해당하리라.

이런 인간의 관계맺음을 통한 배움의 과정은, 공자의 지적처럼 "사람의 본성은 서로 비슷하나 익힘에 의해 서로 다르게 된다."[9]는 배움의 가능성을 근거로 한다. 여기에서 성性은 인간의 천성天性을 의미하고, 습習은 배움을 통해 형성된 습관習慣을 말한다.

천성은 자연 생명의 한 부분으로 천명에 의해 지배 받지만 습관은 인간의 역량과 노력에 영향을 받는다. 물론 본성과 습관, 자연의 능력과 인간의 능력 문제는 내재적 연관성을 지닌다. 공자는 인간의 천성은 사람 사이에 서로 가까운데, 교육이나 학습 등과 같은 수양의 습관, 배움의 상이함으로 말미암아 도덕성에서 차이가 생긴다고 보았다(천웨이핑, 2002). 여기에서 성性과 습習은 맹자와 순자의 배움 이론으로 분화되었다고 판단된다.

---

8) 『論語』「子路」: 子曰 君子 和而不同; 「憲問」: 子路問君子, 子曰, 修己以敬, 曰如斯而已乎, 曰修己以安人, 曰如斯而已乎, 曰修己以安百姓, 修己以安百姓, 堯舜 其猶病諸.

9) 『論語 陽貨: 子曰, 性相近也, 習相遠也.

〈표5-2〉 배움의 과정과 단계

<table>
<tr><th rowspan="4">학문[學習]</th><th colspan="2">단계</th><th>상황</th><th>관계</th><th>심화</th><th>이념의 확장</th></tr>
<tr><td>시작
(始)</td><td>學而
時習</td><td>說; 개인적 기쁨
개인적 배움</td><td>나와
나</td><td>내면세계의
강화</td><td>수기修己</td></tr>
<tr><td>중간
(中)</td><td>朋遠
方來</td><td>樂; 만남의 즐거움
상호 배움
협동학습
공동체학습</td><td>나와
너</td><td>내면과
외면의 만남</td><td>수기修己
→치인治人
안인安人</td></tr>
<tr><td>완성
(終)</td><td>不知
不慍</td><td>君子; 인격완성
배움의 질적 승화</td><td>나와
우리</td><td>내면과
외면의 일체</td><td>수기修己
=치인治人
안백성安百姓</td></tr>
</table>

3-2. 인간성의 구명과 배움론의 확장

『논어』에서 제기된 배움론 – 학습學習 – 의 맥락은 『맹자』와 『순자』에서 성性의 파악과 더불어 세부적으로 확장된다. 맹자는 기본적으로 공자의 인仁사상을 계승·발전시켰고, 의義사상을 보완했다. 특히 선단론善端論은 동아시아 문화에 엄청난 영향을 미쳤다. 앞에서 논의한 것처럼, 맹자에 의하면 인간은 본래 착할 수 있는 가능성을 지니고 태어난다. 누구나 측은惻隱·수오羞惡·사양辭讓·시비是非의 마음을 통해 인의예지仁義禮智

의 단서端緖를 드러낸다. 모든 인간은 가슴 쓰라리게 불쌍히 여기는 마음, 옳지 않은 일을 부끄러워할 줄 아는 마음, 양보할 줄 아는 마음, 그리고 옳고 그름을 판단할 줄 아는 마음을 지녔다. 이 네 가지 단서는 선천적이다.

문제는 '단서端緖'라는 말이다. 단서는 완성을 의미하지 않는다. 그것은 실타래 끄트머리의 한 오라기 실에서 뜨개질을 하여 목도리나 조끼를 짜나가듯이, 혹은 씨실과 날실을 한 가닥씩 엮어나가서 직물을 짜듯이, 한 가닥의 실에 불과하다. 즉 한 사물을 만들기 위한 기본 재료이다. 그러기에 단서는 하나의 '실마리'로서 온전한 사물을 의미하는 것이 결코 아니다. 인간의 기초적 자질로 '가소성可塑性을 띤 재능이다.

주의할 점은, 맹자의 학설을 성선설性善說로만 이해할 때 발생하는 오류가능성이다. 성선性善은 얼핏 보면, "인간의 본성은 선하다"라는 성의 온전함을 상정하기 쉽다. 그러나 맹자는 완전한 존재로서의 선천적 성선性善보다는 가능성으로서의 선단善端을 주장한다. 성선을 주장하지 않은 것은 아니지만, 배움의 논리와 연관해볼 때, 선단善端이라는 착할 가능성에 무게를 두고 있다.

인간의 마음은 착할 가능성, 선의 씨앗이나 싹을 간직하고 있다. 이것을 그냥 내버려두면 점점 쪼그라들어 씨앗이 말라버리거나 싹이 시들어 올바른 사람으로 자라날 수 없다. 대신 씨앗에 적절한 환경을 조성해 주면 싹을 틔우고 싹은 잘 자라서 온전한 식물이나 나무가 된다. 이처럼 선단으로 존재하는 마음을 온전한 인격으로 확장할 수 있다. 그것이 『맹자』에게서 배우는 이유다.

맹자의 배움 이론은 유명한 고자와의 성에 관한 논쟁에서 부각된다.[10] 고자는 성性을 버드나무에 비유하고 의義는 나무로 만든 그릇에 빗댄다. 또 성을 빙빙 도는 여울물에 비유하고, 동쪽이건 서쪽이건 어느 방향으로 터느냐에 따라 달라지는 것으로 설명했다. 맹자는 여기에 제동을 건다. 뿐만 아니라 자신의 주장을 강변한다. 버드나무가 지니고 있는 재질의 특성에 따라 그릇을 만든다면, 본래부터 지니고 있던 나무의 성질을 해칠 것이 뻔하다! 버드나무를 해쳐서 그릇을 만든다면, 성을 해쳐서 인의를 행한다는 말과 같다. 이런 생각은 세상 사람에게 인

10) 『孟子』「告子」上 : 告子, 性, 猶杞柳也. 義, 猶桮棬也. 以人性爲仁義, 猶以杞柳爲桮棬. 孟子, 子能順杞柳之性而以爲桮棬乎? 將戕賊杞柳而後以爲桮棬也? 如將戕賊杞柳而以爲桮棬, 則亦將戕賊人以爲仁義與? 率天下之人而禍仁義者, 必子之言夫! 告子曰, 性猶湍水也, 決諸東方則東流, 抉諸西方則西流. 人性之無分於善不善也, 猶水之無分於東西也. 孟子曰, 水信無分於東西. 無分於上下乎? 人性之善也, 猶水之就下也. 人無有不善, 水無有不下. 今夫水, 搏而躍之, 可使過顙, 激而行之, 可使在山. 是豈水之性哉? 其勢則然也. 人之可使爲不善, 其性亦猶是也.

의를 해치도록 유도하는 것과 다름없다. 고자의 말대로 물이 동서 어느 방향으로 갈지 분별이 없다고 하자! 하지만 물은 위에서 아래로 흐르는 것이 그 속성이다. 이런 차원에서의 분별도 없단 말인가? 사람의 성이 착하다는 것은 물이 아래로 내려가는 것과 같은 이치다. 사람은 착하지 않은 이가 없으며 물은 아래로 내려가지 않는 것이 없다.

맹자에게서 배움은 사람의 마음으로 대변되는 인仁과 인간의 길인 의義의 추구다. 그런데 어리석은 인간들은 고자의 인식처럼 그 마음과 길을 스스로 저버리고 있다. 앞에서도 언급했지만, 그런 정황은 다음과 같이 포착된다.

> 세상 사람들은 자신이 가야 할 길을 버리고 따르지 않고, 자기 마음을 잃고서도 찾을 줄을 모른다. 아, 참으로 애처롭다! 사람들은 자기가 기르던 닭이나 개가 도망가면 찾으려고 발버둥 친다. 그러나 자기 마음을 잃고서도 찾을 줄을 모른다. 학문의 길은 다른 것이 아니다. 그 해이해진 마음 – 놓친 마음 – 을 찾는 일일 뿐.[11]

여기에서 고민이 생긴다. 인간성人間性은 자율적으로 성숙하

---

11) 『孟子』「告子」: 孟子曰, 仁, 人心也, 義, 人路也. 舍其路而弗由, 放其心而不知求, 哀哉! 人有雞犬放, 則知求之 ; 有放心, 而不知求. 學問之道無他, 求其放心而已矣.

는가? 타율적으로 형성되는가? 맹자와 고자의 치열한 대립은 성性을 무게 중심에 둔 배움의 대상과 내용, 방법의 차이를 극명하게 보여준다. 그것은 성性을 이해하는 방식과 연관된다. 인간의 본성, 그것은 선단善端인가? 성선性善인가? 무선무악無善無惡인가?

맹자는 성에 가해질 인위적 외압의 위험성을 염려했다. 고자는 상황과 조건에 따라 그것이 달라질 수 있음을 강조한다. '본성은 모두 선하다'는 맹자의 시각은 결정론적 경향을 보인다. 그것은 적극적 배움의 의미를 상당히 제한하고 약화시킨다. 선천적으로 타고난 선의 발현과 확대!

문제는 선단善端을 놓쳤을 때다. 놓쳤을 때는 잡으면 되고, 상실했을 때는 회복하면 된다. 억지로 구하거나 만드는 것이 아니라, 본래 있던 것의 원상 복구다. 물론 "조존操存"과 "복기초復其初"에만 그치지는 않는다. 여기에서 맹자는 "구방심求放心"의 배움을 제기한다.

구방심求放心은 부동심不動心으로 이어지고, 호연지기浩然之氣와 지언知言을 통해 구현된다. 호연지기의 함양을 통한 활력 넘치는 생명력을 보지保持하고, 지언知言의 실천을 통해 편벽되고 방탕하며 바르지 않고 도망치는 말의 의미들을 파악한다. 이때 의리의 축적과 말에 대한 바른 인식이 필수적이다. 의리의 축적과 말에 대한 인식이 맹자에게서 배움의 궁극이다.

요컨대 맹자의 배움 이론은 선단善端의 보존保存을 기초로 하는 확충擴充이다. 인간 내면에 간직한 선한 본성의 알맹이를 잘 보존한다는 측면에서 '예방적豫防的 차원의 배움'이다. 동시에 그것을 길러서 외면의 선한 행위로 펼쳐내는 계발식啓發式 학습이다.

공자의 "성상근 습상원性相近 習相遠"에서 보면, 선단善端 혹은 성선性善이라는 보편적 인간성, 즉 "성상근性相近"에 기초하여 그것을 확장한다. 따라서 적극적 노력이나 강도 높은 학습보다는 선단善端의 자연적 확산을 통해 인격의 온전함을 꾀하는 방식이다. 이는 교육과 학습의 양식에서 볼 때, 소극적 교육negative education이나 자발적 학습self-learning에 가깝다.

그러나 순자는 맹자와 다른 길을 걷는다. 주지하다시피, 순자는 맹자를 직접적으로 비판한다. 그 유명한 성악설性惡說은 순자가 선언한대로 "인간의 성性은 악惡하다!"라는 데 기인한다. 순자는 성선性善을 작위作爲의 결과로 인식했다. 인간의 성은 태어나면서부터 이익을 좋아하기에 서로 다투고 빼앗고, 사양하거나 양보함이 없어진다. 나면서부터 질투하고 미워하기에 남을 해치고 상하게 하고, 충실함과 믿음이 없어진다. 선천적인 감각작용으로 인해 일상의 혼란을 가중시킨다. 이런 정황으로 볼 때, 인간의 근원적 본성은 악하다. 때문에 성선은 악한

것을 없앤 후에 드러나는 후천적 결과다.[12)]

순자는 인간의 '자연적 성향'을 '본성'으로 명명했다. 다시 말하면 본성은 육체에 갖추어진 관능이나 감각, 그 기능과 작용이다. 악의 발생 원인은 다름 아닌 본성에 내재해 있는 이익 추구, 시기질투 등 감각적 욕망 때문이다. 이런 차원에서 볼 때, 본성은 배운다고 해서 인위적으로 만들어지지 않는다. 어떤 노력으로도 이룰 수 없는, 사람에게 있는 자연성이다.

눈은 시력이 있고 귀는 청력이 있다. 모든 볼 수 있는 힘은 눈을 떠나지 않으며 들을 수 있는 힘은 귀를 떠나지 않는다. 이것은 배움의 결과가 아닌 본성 자체다. 그런데 인간을 이러한 본성대로 내버려두면, 그 질박함이 없어지고 그 자질도 희미해져 선한 것을 잃어버릴 수 있다. 여기에서 작위의 문제, 즉 배움을 통해, 선하게 만들려는 인간의 노력이 제기된다. 그것은 순자에게서 "예의禮義"로 귀결된다.

맹자는 선단의 당위와 필연을 주장하여, 이러한 본성과 작위를 구분하지 못하였다. 즉 자연성과 학습의 중층 구조를 세밀하게 파악하지 못했다. 이런 내용들이 순자가 맹자를 비판하는 요지다.

---

12) 『荀子』「性惡」: 人之性惡, 其善者僞也. 今人之性, 生而有好利焉, 順是, 故爭奪生而辭讓亡焉, 生而有疾惡焉, 順是, 故殘賊生而忠信亡焉, 生而有耳目之欲, 有好聲色焉, 順是, 故淫亂生而禮義文理亡焉. 然則從人之性, 順人之情, 必出於爭奪, 合於犯分亂理而歸於暴. 故必將有師法之化. 禮義之道, 然後出於辭讓, 合於文理而歸於治. 用此觀之, 然則人之性惡明矣, 其善者僞也.

순자에 의하면, 인간은 본성이 악하기 때문에 선을 지향한다. 덕이 모자라면 채워지기를 바란다. 보기 흉하면 아름다워지기를 바란다. 좁으면 넓어지기를 바란다. 가난하면 부유해지기를 바란다. 천하면 귀해지기를 바란다. 이처럼, 인간은 자신에게 없는 부분을 반드시 외부에서 구하려고 한다. 이 과정이 배움의 핵심이다.

이런 차원에서 보면, 배움은 인위를 조절하는 문제다. 그것은 수양修養이나 예치禮治로 인식되기도 한다. 그러기에 순자는 자신의 저서 첫 머리 「권학勸學」에서 무엇보다도 배움의 중요성을 강력하게 주장한다. 삶에서 배움은 필연적으로 그만둘 수 없는 것! 청출어람靑出於藍![13] 그리하여 배움[學]은 다음과 같이 비유된다.

> 먹줄을 튕겨 곧다고 확인되었던 나무도 구부려서 둥근 바퀴를 만들면 컴퍼스로 그린 듯이 둥글어진다. 이는 햇볕에 바싹 말려도 다시 펴지지 않는다. 왜냐하면 본래 곧은 것이었지만 필요에 따라 구부렸기 때문이다. 나무는 먹줄을 따르면 곧아지고 쇠는 숫돌에 갈면 날카로워진다. 이처럼 사람도 널리 배우고 매일 자신을 성찰하면, 지혜는 밝아지고 행동에서는 잘못이 없어진다.[14]

---

13) 『荀子』「勸學」: 學不可以已. 靑取之於藍, 而靑於藍. 氷水爲之, 而寒於水.

14) 『荀子』「勸學」: 木直中繩, 輮以爲輪, 其曲中規, 雖有槁暴, 不復挺者, 輮使之然也. 故木受繩則直, 金就礪則利, 君子博學而日參省乎己, 則知明而行無過矣.

순자는 배움[學]을 강화하는 과정을 "적습積習"으로 표현한다. 그것은 배움[學]을 통해 선善하게 만든 것을, 다시 쌓아올리고 익혀서 본성을 기르는 방법이다.

> 타고난 본성은 어쩔 수 없다. 그러나 그것은 배움을 통해 변화시킬 수 있다. 배움을 통해 쌓아감은 타고난 것은 아니지만 노력하여 원하는 것으로 만들 수 있다. 노력으로 습관을 바로잡아 본성을 교화시킬 수 있다. 적습은 스승과 법도를 받들고, 다른 것은 주의하면서 함부로 거들떠보지 않는 방법이다. 습속은 사람의 뜻을 바꿔놓는다. 편안히 오랫동안 그렇게 지나다 보면 사람의 바탕도 바뀐다. …… 길거리의 보통 사람이라 하여도 선을 쌓아 극진함을 다하면 훌륭한 사람이 될 수 있다. 훌륭한 사람은 선을 추구하여 그것을 얻고, 선을 행하여 그것을 이루며, 그런 일을 쌓아감으로써 높아진다. 그런 일을 다한 뒤에는 정말 훌륭한 사람이 된다. 그러므로 훌륭한 사람은 노력이 쌓여서 만들어진다.[15)]

이처럼 순자는 "노력에 의한 쌓아올림" 내지는 "습관에 의한 본성의 해체와 변화"를 꾀하였다. 그것은 사려가 쌓이고 행동이 습관화를 거쳐 익숙해진 "적려능습積慮能習"의 상황이다(황지원, 2003).

---

15) 『荀子』「儒效」: 性也者, 吾所不能爲也, 然而可化也, 積也者, 非吾所有也, 然而可爲也. 注錯習俗, 所以化性也, 并一而不二, 所以成積也. 習俗移志, 安久移質. …… 塗之人百姓, 積善而全盡謂之聖人. 彼求之而後得, 爲之而後成, 積之而後高, 盡之而後聖, 故聖人也者, 人之所積也.

순자에게서 배움[學]과 익힘[習]은 이렇게 짝으로 만났다. 배움[學]은 귀로 들어가 마음에 이르고, 온 몸에 퍼져 행동으로 나타난다. 따라서 짤막한 말이나 행동도 모두 법칙으로 삼을 수 있다. 배움[學]이 내면적으로 마음을 집중하는 일이라면, 익힘[習]은 외면적으로 적습積習을 심화하는 방법이다.

요컨대, 순자에게서 배움은 곧은 나무로 굽은 도구를 만드는 것처럼, 인간의 성격이나 행동을 변화시키는 인위적 작업이다. 그것은 악惡으로 인식되는 본성을 교정하여 선善으로 바꾸려는 일종의 치료적治療的 · 교정식矯正式 배움론이다. 공자의 "성상근 습상원性相近 習相遠"의 논리에서 볼 때, "습상원習相遠"에 무게중심을 둔다. 따라서 배움의 시스템과 강도, 노력의 심화에 따라 인간 형성의 질을 승화할 수 있다. 교육적 차원에서는 적극적 교육positive education이자 교사 중심 학습teacher centered instruction의 성향을 띤다.

〈표5-3〉 맹자와 순자의 배움론 비교

<table>
<tr><th>구분</th><th colspan="2">인성론</th><th>인성과 배움</th><th colspan="2">배움의 양식</th><th>배움의 원리</th><th>배움의 논리</th></tr>
<tr><td>맹자 孟子</td><td>성선 性善</td><td>선의 단서 선단론善端論</td><td>성상근 性相近</td><td>예방</td><td>계발</td><td>자연 확충</td><td>소극적 자발적</td></tr>
<tr><td>순자 荀子</td><td>성악 性惡</td><td>감각적 욕망 욕망론慾望論</td><td>습상원 習相遠</td><td>치료</td><td>교정</td><td>인위 형성</td><td>적극적 타율적</td></tr>
</table>

4. 신유학 : 배움론의 체계화

4 - 1. 배움 양식의 구조화

초기의 유학자들에 의해 강조된 배움의 문제는 새로운 옷을 갈아입고 등장한 유학자들에 의해 유교 학습의 시스템을 갖춘다. 특히, 주희가 정돈한『대학장구』는 삼강령 · 팔조목을 통해 배움의 원리와 실천 과정을 포괄적으로 담아낸다. 그것은 소학을 바탕으로 심오한 이론 탐구와 실천을 지향하는 군자의 양성, 현대적 의미에서 지도자의 배움 양식으로 드러난다.

『대학장구』는 어떤 차원에서 배움의 양식을 체계화 했는가? 이 책의 제1부에서 논의한 내용을 다시 반복하며 정돈해 본다. 삼강령은 유교가 추구하는 이상적 세계상의 지향, 그 배움의 알파이자 오메가다. 명명덕은 자기 배움의 원리이고, 신민은 타자에 대한 배려와 관심의 학습적 승화이며, 지어지선은 명명덕과 신민을 일상생활에서 전개한 작업이다.

앞에서 논의되었지만, 다시 인용한다. 주희에 의하면 "명덕은 사람이 하늘에서 얻은 것으로, 텅 비고 신령스러우면서 어둡지 않아 온갖 이치를 갖추고 모든 사물에 대응한다. 다만 기품에 따라 구애받고 사람의 욕심에 가리어 간혹 어두워질 수 있으나, 그 본체의 밝음에서는 그친 적이 없다." 명덕은 밝고 곧으며 순수하고 자연스런 인간의 '마음'을 가리킨다.

이는 맹자의 선단善端과도 통한다. 명명덕은 그런 마음을 밝히려는 노력이다. 여기에서 밝힘[明]은 배우고 익히는 학습의 차원으로 재해석할 수 있다. 따라서 명명덕은 마음을 둘러싼 이해와 인식, 그리고 자각에 관한 배움의 문제다. 한 마디로 말하면, 마음공부에 집중하기! 그것은 일종의 자기발견이요 자아실현이며, 내면적 성찰이자 깨달음이다.

명명덕과 유기적 연관을 이루는 신민은 문자 그대로 보면, '백성을 새롭게 한다'는 의미다. 주자는 '신新'자를 해석하면서 '개혁'과 '혁신'을 강조한다. 널리 회자되고 있는 "일신우일신日新又日新"의 전개. "진실로 날마다 이전에 물든 더러움을 씻어 스스로 깨끗하게 하고, 깨끗해진 것을 바탕으로 나날이 새롭게 깨끗이 하며, 또 나날이 새롭게 하여, 깨끗하게 하는 활동이 조금이라도 끊어져서는 안 된다." 이때 '새로움[新]'은 명명덕으로부터 지속되는 '자기개혁'이자 '자기로부터의 혁명'이다. 그것은 스스로 새롭게 하는 '자기혁신[自新]'에서 타인을 새롭게 하는 '타자혁신[新民]'으로 이어진다. 그 혁신은 자신에 대한 성찰과 그것을 바탕으로 타자를 헤아리고 미루어 나가는 학습의 형식을 갖춘다.

명명덕을 기초로 하는 자기혁신은, 유교의 이상을 따라, 타인의 혁신을 꾀한다. 이는 자신의 수양 문제인 수기修己와 그것을 바탕으로 타자를 다스리고 교화하는 치인治人을 불러온다. 여기에서 신민의 무게중심은 스스로 새로움을 추구하는 자기혁신에 있다.

삼강령의 세 번째인 지어지선은 '가장 착한 곳에 머문다'이다. 여기서는 '가장 착한 곳'과 '머무름'이 문제다. 가장 착한 곳, 지선의 경지는 "일이나 이치의 당연한 기준이나 표준"이다. 어떤 일에서 마땅히 그러해야 하는 당위규범에 속한다. 그것은 인간의 삶에서 무엇인가? 어떠해야 하는가?

『대학』에서 보면, 그것은 명명덕과 신민의 실천이다. 지어지선은 명명덕과 신민에 머무르는 일, 그 이상도 이하도 아니다.

때문에 명명덕과 신민의 실천은 지어지선의 핵심이다. 그것은 자연 법칙을 온전히 하는데 있고, 개인의 사사로운 욕심이 없을 때 가능하다.

여기에서 학습의 역할이 강조된다. 지선의 경지에 도달하려는 학습의 모습은 절차탁마切磋琢磨와 슬한혁훤瑟僩赫喧으로 상징된다. "자르는 듯하고 깎는 듯하며, 쪼는 듯하고 가는 듯하다. 엄밀하고도 굳세며, 빛나고도 점잖다." 물건을 매만질 때, 칼과 톱으로 자르고 깎고, 망치와 끌로 쪼고 다듬으며, 줄과 대패로 갈고, 모래와 돌로 가는 공부! 그러면서도 조심하고 공경하며 웅장하고 위엄 있으며 불빛이 활활 타오르게 하여 그 불빛이 크게 비치듯 하는 학습자의 모습!

이처럼 최고선의 상황은 끊임없는 노력을 기반으로 한다. 마땅한 것, 사물에 맞는 어떤 것이 있고, 그것을 제대로 쓰는 동시에, 빛나는 사물을 만들기 위해 적절한 방법으로 노력하는 일, '배움[學]-익힘[習]'의 변증법적 과정을 통해 끊임없이 진행된다.

그러기에 학습의 문제와 수련의 과정인 도학道學과 자수自修로 실천된다. 도학道學은 절차切磋이고 자수自修는 탁마琢磨이다. 그것은 학습한 인간의 모습, 지도자로서 갖춘 내면적 덕과 밖으로 나타난 용모 – 순율恂慄과 위의威儀 – 로 드러난다. 순율恂慄은 슬한瑟僩이고 위의威儀는 혁훤赫喧에 해당한다.

여기에서 도학道學은 배움의 기본 과정이자 체계다. 자수自修는 체득하고 세련되게 만드는 작업이다. 그런 노력을 통해 엄격한 용모를 갖추게 되고, 법도에 맞는 배운 사람, 지도적 인격자로 거듭난다.

배움의 방식에서 볼 때, 절차切磋는 강습講習하고 토론討論하여 자신의 지식을 넓히고 연구하는 것을 가리킨다. 탁마琢磨는 자신을 깊이 성찰省察하여 선으로 나아가려는 내적 노력이다. 슬한瑟僩은 두려워 떨면서 스스로를 깊이 경계하는 정신이다. 혁훤赫喧은 외모에 나타나는 태도나 풍채가 위엄 있고 예절에 맞아 당당한 모습이다.

이러한 삼강령의 실천 양식인 팔조목은 삼강령의 배움 원리를 구체적으로 실현하는 학습의 세부 내용이자 방법이다. 사물을 연구하고 탐구하는 격물格物에서 인식으로 승화하는 치지致知, 뜻을 진실하게 품는 성의誠意와 마음을 바르게 하는 정심正心, 몸을 닦는 수신修身에 이르기까지는 내면적 '배움[學]과 익힘[習]'의 과정이다. 이를 바탕으로 집안을 정돈하는 제가齊家와 나라를 다스리는 치국治國, 세상을 고르게 하는 평천하平天下를 통해 지도자로서의 기본 소양을 '배우고[學] 익힌다[習].' 이는 외면으로 드러나는 학습의 심화과정이다.

격물치지는 세계를 파악하고 인식하기 위한 일종의 배움의 방법이다. 주지하다시피 격물은 사물에 대한 탐구이고, 치지는 대상 세계를 연구하여 확장해 나간다는 의미로 읽을 수 있다. 특히, 주희는 인간 사회의 질서 체계나 행위, 직분에서 제 각각의 분수나 이치에 집중한다. 그리고 그런 이치를 파악하는 작업으로 격물을 자리매김한다. 그것은 인간의 삶에 대한 배움이다. 치지는 삶의 이치 파악과 지식의 축적이 일정한 궤도에 오르면, 보다 심오한 수준으로 확장하여 나아가듯이, 그 단계로 끌어 올리는 학습 행위다. 즉 이미 획득한 지식을 토대로 점차 심도 있게 확대하는 끊임없는 탐색과 연구 행위다. 단계와 과정의 차원에서 이해할 때, 격물이 배움[學]이라면 치지는 익힘[習]이다.

그것은 마음이 펼쳐지는 것을 알차게 하는 작업인 성의로 이어지고, 망령됨이 없고 속이지 않는 배움의 실천을 유도한다. 다시 말하면 "참으로 알차고 망령됨이 없는" 성실한 자세를 요구한다. 흔히 말하는 신독愼獨, 그 혼자인 데를 삼간다. 아울러 마음을 바르게 하여 몸을 닦는 내면적 배움의 심화로 나아간다.

정심正心은 마음이 사물과 마주치더라도 흔들리거나 더럽혀지지 않고 바르게 해나가는 배움으로, 수신修身의 기초가 된다. 몸과 마음으로 나누어 말한다면, 정심은 '내면'을, 수신은 '외면'을 바르게 하는 일이다. 내면의 올바름과 외면의 정돈이 통일되는 경지다. 그것은 다름 아닌 배움의 효과다. 여기에서도 의미 맥락상 성의는 배움[學]에, 정심과 수신은 익힘[習]에 안배할 수 있다.

격물 – 치지 – 성의 – 정심은 수신修身의 외현外現을 통해 제가-치국-평천하라는 치인治人으로 접어든다. 이런 특성 때문에 유교는 수신修身이라는 개인의 배움인 동시에 사회 정치적 소양을 학습하는 철학으로 자리매김한다. 그것은 수기치인修己治人과 성기성물成己成物, 내성외왕內聖外王을 아우르는 실천 철학이 된다. 이제 개인의 배움인 수신은 공동체의 상호 배움의 단계로 나아간다. 특히 배움[學]론의 응용이라는 차원에 제가-치국-평천하는 익힘[習]의 심화 과정이다.

가문家門의 질서를 조직화하는 제가는 수신에 근거한다. 제家는 다름 아닌 친족 간의 질서를 확립하는, 가문 공동체의 윤리에 관한 학습이다. 친애하고, 천하게 여기고 미워하며, 두려워하고 존경하며, 가엽고 불쌍히 여기며, 거만하고 태만히 여기는 등 가문의 인간관계와 합리적 판단, 공동체 문화의 건립을 위한 온고지신의 학습 태도를 기른다. 이런 가문의 질서 확립 이후 나라와 온 세상을 다스릴 수 있는 요건이 갖춰진다.

나라를 다스리는 일인 치국治國은 제가에 기초한다. 가문의 질서 유지를 위한 기본 소양도 학습되지 않은 존재가, 그 상위 조직인 나라를 다스리는 소양을 어떻게 학습할 수 있는가! 나라를 운영할 수 있는 기본 자질은 효도와 공손, 그리고 사랑이다.

특히, 늙은이를 늙은이로 대우하는 것을 보고 효도를 체득하고 어른을 어른으로 대우하는 것을 보고 공경을 실천하며, 고아와 같은 불쌍한 사람을 구휼하는 것을 보고 사람들이 따르게 된다. 따라서 지도자의 소양을 제대로 학습한 사람은 '자나 컴퍼스로 재어 보듯이, 인간의 삶을 헤아릴 줄 아는 태도, 이른바 "혈구지도絜矩之道"를 갖춘다. 그것은 배움[學]을 넘어 익힘[習]의 단계에서, 지도성을 체득한 존재가 실천할 수 있는 덕성이다.

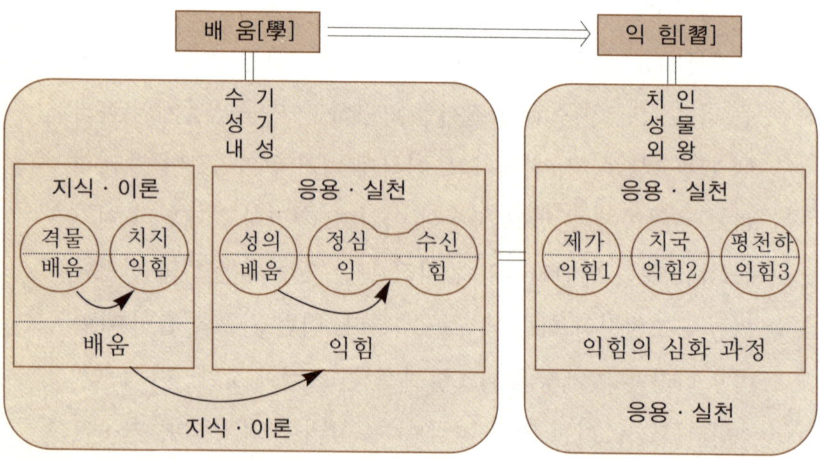

〔그림5-1〕『대학』팔조목의 배움과 익힘 단계

혈구絜矩는 자기와 타인 사이의 관계 이해다. 유교 덕목의 핵심인 인仁으로 설명되기도 한다. 자기를 중심으로 상하전후좌우가 모두 평등하여, 온 세상을 화평하게 만들 수 있는 힘. 그것은 현대적 의미에서, 자기충실을 기초로 한, 타인에 대한 관심이자 배려다. 다시 말하면 자기수양을 기본으로 전개되는 타자사랑의 끊임없는 확충이다. 충서忠恕의 실천이다. 이것이 『대학』에서 강조하는 '배움[學]과 익힘[習]'의 궁극적 모습이다.

4-2. 배움 내용의 양식화

『대학』은 삼강령 팔조목을 통해 유교의 배움 이론을 형식적으로 구조화 했다. 그것과 표리관계에 있는 『중용』은 그 내용을 체계적으로 양식화 한다. 특히, 『중용』의 머리장 세 구절은 그 양식의 전범이다. 여기서는 배움론을 체계화하는 차원에서, 제4부에서 논의한 내용을 다시 정돈한다.

천명天命에서 성性-도道-교敎로 이어지는 『중용』의 머리장은, 유교가 지향하는 배움론을 가장 함축적으로 담아낸다. 시공간에서 '최상의 가장 적합한 것'이라는 중中의 원리적 법칙성과 용庸이라는 구체적 실현을 통해, 인간이 배워야 할 내용을 담보하고 있다. 자연과 인간의 관계 가운데, 변화하는 시공 가운데, 때와 상황에 맞게 대처하는 삶의 방법을 배우도록 권고한다.

이러한 맥락에서 중용은 인간에게 두 가지 근본 문제를 제기한다. 하나는 도덕 실천의 '초월적 근거'로 성性과 천도天道의 관계를 깨닫게 하는 일이고, 다른 하나는 도덕을 실천하는 '공부', '수양', 배움을 중시하는 삶이다. 이는 '지극한 정성으로 인간의 성품을 다하는 일[至誠盡性]'인 성실과 '그 성품을 좇아 길을 닦는 일[率性修道]'인 의리로 표명된다. 윤리도덕의 맥락을 확인하고 배움을 통해 삶에서 그것을 이행하는 일.

『중용』의 첫마디, 천명지위성天命之謂性. "하늘이 명한 것은 본성"이라는 언명! 이는 형식적으로는 하늘이 인간을 비롯한 만물에게 명령을 내려 본성을 부여한 듯하다. 기독교적 시각으로 이해하면 일방적이다. 그러나 상호주체의 측면에서는 상대적으로 이해하기보다 대대待對의 관계다. 명命은 하늘이 준 것이고 성性은 만물이 부여 받은 것이다. 따라서 명과 성은 '주고 받은 차원'에서 하나의 통일된 이치다. 하늘이 만물에게 주는 측면에서는 자연스런 명령이고 사람과 물건이 받는 측면에서는 본성이다. 이처럼 주체의 전이를 통해 명과 성은 준 자와 받은 자 사이의 합일이다.

어떻게 보면, 하늘의 의리와 도덕질서는 인간이 스스로 부여하고 자신의 삶에 적용한 것이다. 인간은 하늘에서 부여한 명령에 따라 본성을 확립하고 자신의 생의에 따라 그것을 세상에 드러낸다. 왜냐하면 인간은 자연의 질서를 삶의 표준으로 이해하고 인생을 실현하기 때문이다.

배움의 차원에서 천명天命=성性이라는 개념은 궁극적 학습내용을 제기한다. 그것은 자연과 인간을 연속선상에서 바라보려는 유교적 세계관으로, 조화와 화해의 학습론을 일러 준다.

앞에서 '천명=성'이라는 인식을 통해, 인간은 자연의 명령에 의해 본성을 부여받았다. 그러기에 본성은 자연의 법칙과 질서를 본받고 있다. 달리 말하면, 자연의 법칙과 질서는 인간의 자발적 수용에 의해 스스로 파악한 의리이자 도덕성이 된다. 이런 점에서 인간은 자연 질서에 근거하여 본성을 스스로 규정하였다. 그 본성은 맹자가 언급한 선단과 통한다. 따라서 솔성지위도率性之謂道의 성은 인의예지의 단서로 이해된다.

『중용』에서는 솔率性[본성을 따르는 일]을 도道[인간의 길]로 규정했다. 주희의 이해는 다음과 같다. "사람마다 본성의 자연스러움에 따르고, 그것을 따라 모든 사람이 일상생활에서 제각기 가야 할 길이 있다. 그것이 바로 도다." 선성善性에 대한 올바른 이해를 위해 주희는 '솔率: 따름'에 대해 자세하게 언급한다. 솔의 뜻은 사람이 본성을 '거느리다'의 의미보다 '따르다'는 뜻으로 풀이해야 한다. 왜냐하면 본성은 선하므로 자연스럽게 따를 대상이지 억지로 거느려 힘쓸 필요가 없기 때문이다.

배움의 차원에서 솔성率性은 자신의 본성을 계발하고 조절하고 절제하는 공부이다. 그것은 유교에서는 성인이 정해 놓은 배움의 과정에 따라 학습하고 수양하는 공부 자체다. 이 지점에서 솔성率性이 도道여야 한다는 유교적 자연성과 배움의 양식을 확인할 수 있다.

문제는 인간의 본성에 대한 이해다. 인간의 본성은 두 가지 측면에서 고민할 수 있다. 하나는 인간의 보편적 본성이고, 다른 하나는 개인의 특수한 본성이다. 보편적 본성은 오륜五倫과 같은 윤리 문제로 표출되고, 특수한 본성은 기질氣質의 차이에서 우러나오는 개인의 행위로 드러난다. 보편적 인성과 특수한 개성은 해석하기에 따라 맹자의 보편적 선단善端과 순자의 개인적 욕망의 측면에서 이해할 수도 있다. 학습의 과정에서 이 두 가지는 동시에 고려되어야 한다.

보편적 본성의 차원에서 중용은 오륜五倫과 지인용智仁勇의 도덕道德을 제시한다. 그것은 모든 인간이 삶의 과정에서 익혀야 할 보편적 과제이다. 여기에서 보편적 질서의 이해라는 공통학습의 문제가 존재한다.

한편, 개인의 특수한 본성의 차원에서 보면, 인간은 공동체에 살면서 제각기 이행해야 할 책무나 역할이 있다. 개성의 다양함이나 차이는 그 다양성만큼이나 여러 가지 삶의 패턴이나 도리를 낳고 삶의 길을 여러 갈래로 만든다. 개인은 자신의 고유한 삶을 지속할 권리가 있다. 그것은 개인학습이라는 또 다른 학습 문제를 제기한다.

이런 차원에서 솔성率性은 보편적 인성과 특수한 개성이 유기체로 연관된, 인간 본성을 따르는 작업이다. 모든 인간이 가야할 길, 나의 본성, 인간의 본성을 따라가는 학습 행위로, 삶과 문명의 질서를 만든다.

그렇게 본성을 따르는 작업, 그 길을 자연스럽게 갈 수 있는 방법은 수도修道의 작업을 통해 승화된다. 주희에 의하면, 닦을 수修는 "차등을 두어 절차를 매기다"는 말이다. 그러므로 수도修道는 '삶의 길에 차등을 두어 절차를 매기다'는 뜻이다. 인간은 일상생활의 모든 측면에서 때와 상황에 따라, 능력과 자질에 따라, 주어진 절차와 제도를 그에 맞게 운용하려고 한다. 그것이 교敎다. 교는 일반적 의미에서의 교육, 전수하는 행위가 아니라 인간의 삶을 보다 질서 있고, 합리적이게 만드는 제도적 장치다. 그러므로 교는 예악이나 형정과 같은 제도, 문물이나 문화의 형태로 현실 사회에서 구체적으로 드러난다.

모든 인간은 일상에서 길을 가되 – 공동체를 위한 것이든 개인을 위한 것이든 – 삶을 위한 제도적 장치를 만들어 상황에 따라 대처해야 한다. 그것이 삶을 질을 향상하는 수도修道이고 문화와 제도를 창출하는 교敎이다. 이 작업의 핵심은 배움에 있다.

세상을 구체적으로 살아가기 위한 다양한 장치들, 이른 바 문화에 대한 배움의 심화는 일생을 통해 요구된다. 평생토록 인간의 길을 스스로 마름질한다는 차원에서 평생학습이요, 자기학습을 통해 적합한 문화를 창출하는 예술의 차원에서 삶의 행위를 지속한다. 그것이 중용이라는 일상의 배움론이다.

요컨대, 『중용』의 첫머리는 하늘과 인간의 본성, 그리고 인간의 길, 인간이 만들어 놓은 문화세계의 질서가, 어떻게 학습을 통해 구축되는지 보여준다.

첫 번째 구절, 천명지위성天命之謂性에서 성性은 완전한 인간의 본성은 아니다. 그것은 맹자가 말한 것처럼 선단善端으로 존재한다. 선단은 솔성率性과 수도修道의 근거다. 온전하지 않고 가능성과 잠재능력으로 존재하기에 절제와 교화를 통해 계발할 수 있다. 이는 배움의 가능성, 그 근거로서 인간 본성을 이해하는 작업이다.

두 번째 구절, 솔성지위도率性之謂道에서 도道는 본성에 맞게 길을 가는 일이다. 선단善端으로 존재하는 성性을 스스로의 힘으로 길러가는 일이다. 그것은 삶의 길이자, 자기노력이며 유교적 차원의 인격완성을 지향한다. 이는 배움의 과정이자 작용이다.

세 번째 구절, 수도지위교修道之謂教에서 교教는 인간의 길을 마름질하여 문화와 문명, 제도를 창출하는 사업이다. 수도修道는 인간 스스로 길을 개척하고 확대하는 일로 문명의 건설과 통한다. 문화의 창출은 배움의 성실한 과정을 통해 만들어지는 제도적 성과다. 끊임없이 배움의 과정을 질적으로 끌어 올리며, 사람마다 제각기 적절한 중용의 길을 제시한다. 그것은 깨달음의 과정이다. 그 절정에서 인간의 역할과 기능, 책임과 의무가 교教의 양식으로 자리했다. 이는 배움의 승화요 효과이다.

5. 유교 배움론의 총결

유교에서 배움의 중요성은 아무리 강조해도 지나치지 않다. 배움은 자기노력과 익힘이라는 자발성을 전제로 진행되는 깨달음과 체득體得의 과정이다. 그것은 『논어』에서 "학이시습學而時習"으로 대표되며 "충서忠恕"의 관점에서 '자기충실'과 '타자배려'라는 사람에 대한 관심으로 드러났다. 특히, 『논어』 첫 편 세 구절은 배움의 과정을 유기적으로 보여주었다.

배움의 시작 단계는 학이시습學而時習의 기쁨으로 '마음의 희열'이 감지되었고, 그 중간 단계는 유붕자원방래有朋自遠方來의 즐거움으로 '타인과의 만남'으로 확장되었으며, 그 마무리 단계는 인부지이불온人不知而不慍의 '사람다움'으로, 배운 인간으로서 '군자의 모습'을 보여주었다.

『맹자』에 이르러서는 배움은 선단善端의 확충擴充으로 논의되었다. 배움은 인간 내면의 선한 본성을 잘 보존한다는 측면에서 예방적豫防的이며, 동시에 그것을 길러서 외면의 선한 행위로 펼쳐내는 계발식啓發式 이었다. 착할 가능성이 있는 잠재능력의 자연적 확산을 통해 인격의 온전함을 꾀하는 배움의 양식으로 소극적 형식을 띠었다.

『순자』는 맹자와 반대되는 배움의 양식으로 악한 본성을 인위적으로 변화시키려는 작업을 감행했다. 그것은 악으로 인식되는 본성을 교정하여 선으로 바꾸려는 일종의 치료적治療的이며, 악한 성품을 선하게 바꾸려는 교정식矯正式 교육이다. 때문에 적극적 배움을 강조한다.

이런 원시유교는 주희에 의해 집대성되는 신유학에서 체계화 과정을 거친다. 『대학』은 삼강령 팔조목을 통해 배움의 원리와 실천과정을 포괄적으로 담아내고 지도자의 배움 양식을 보여준다. 명명덕明明德 – 신민新民 – 지어지선止於至善의 삼강령三綱領과 격물格物 – 치지致知 – 성의誠意 – 정심正心 – 수신修身 – 제가齊家 – 치국治國 – 평천하平天下의 팔조목은 거시적으로 삶의 기준과 원리였고, 그것을 실천하기 위한 거대한 배움을 구조화 하였다. 즉 개인의 배움인 수신修身에서 공동체의 상호 배움인 평천하平天下에 이르기까지, 배움의 실천 강령을 일목요연하게 제시하였다.

『중용』은 『대학』의 배움 체계를 함축적인 양식으로 정돈하며 유교 배움론의 전형을 보여준다. 특히, 도덕 실천의 '초월적 근거'를 제시하는 동시에, 도덕을 실천하는 배움을 중시하는 삶을 중시한다. 그리하여 천명지위성天命之謂性 – 솔성지위도率性之謂道 – 수도지위교修道之謂教라는 배움의 전 과정을 통해 삶의 완성을 도모한다. 온전하지 않고 가능성과 잠재능력으로 존재하는 본성을 절제와 교화를 통해 계발할 수 있다는 배움의 가능성을 제기하고, 본성에 따라 그에 적합한 길을 가며 학습하는 자기노력의 과정을 거쳐, 궁극적으로 문화를 창출하는 대사업을 고민하였다.

요컨대, 유교는 인간성을 구명하는 과정에서 배움의 근거를 제시하였다. 본성을 주축으로 하는 인간의 성숙을 학습의 과정으로 자리매김하였다. 또한 개인의 배움인 수신修身과 공동체의 상호 배움인 치인治人을 통해 배움의 완결성을 꾀하고 있다. 그것은 예방적豫防的인 동시에 치료적治療的이고, 배움[學]과 익힘[習]의 변증법적辨證法的 과정을 통해 평생 동안 진행되는 인생의 대사업이다.

결어

사서의 배움

사람다움을 향한 열정

결 어

참으로 아이러니한 일이지만, 나는 가끔 이런 생각을 한다. 한국 사람으로서 한국 전통철학을 공부하고 있는 나는, 현대 한국교육학에서 아웃사이더outsider요 아웃라이어outlier라고. 그러면서도 좀 엉뚱한 희망과 소망을 품고 나름대로 정진한다.

모든 교육은 자국自國의 역사와 상황, 사회적 진보에 근거하여 진행되는 삶의 과정이다. 그러기에 전통교육은 다양한 양식으로 '오래된 미래'라는 옷을 갈아입고 되살아 올 것이다. 따라서 고전 속에 녹아 있는 전통교육과 고전의 의미를 시대정신에 부합하게 재생할 필요가 있다!

서구 교육학이 도입된 이후, 우리의 배움 전통은 서서히 빛을 잃어갔다. 아니, 우리 스스로 완벽하게 그것을 버렸고, 외면했다? 여기서 그 이유를 깊이 논의하지는 않겠다. 그렇다고 서구 근대 공교육을 무조건 비난해서는 안 된다. 오히려 과학적 교육학의 장점을 높이 평가해야 한다. 민주주의의 발달과 더불어 민중과 서민을 위한 교육으로서 다양한 장점을 지니고 있다. 그렇다고 그것이 한국 전통교육에 비해 목적과 내용, 방법의 차원에서 우월적 지위를 확보하고 있는 것은 아니다. 상대적 장단점이 있다는 말이다.

이 글을 통해, 사서四書로 일컬어지는 『논어』『맹자』『대학』『중용』에 드러난 유교의 배움 이론을 개략적으로 해설해 보았다. 대학과 대학원 시절을 거치면서 여러 번 읽었고, 지금도 읽고 있는 고전들이지만, 다시 느껴지는 새로운 맛에, 기분이 묘해졌다. 고전의 생명이란 이런 것인가! 그러면서 배움의 전반을 성찰하는 또 하나의 계기가 되었다.

나는 몸으로 느꼈다. 유교의 사서四書는, 현재와 미래의 삶을 알차게 할 수 있는, 뿌리 깊은 우리 전통의 배움론을 담고 있다고. 거기에는 배움의 목적과 내용, 방법적 원리가 가득하다. 그것을 21세기 시대정신에 맞게 재생할 때, 배움의 맥락을 풍요롭게 구가할 수 있으리라. 단, 전통적 배움론은, 현재 한국 교육문화의 주류인 서구의 교수 – 학습이론과 조화되고 융합될 때, 보다 큰 빛을 발휘할 수 있으리라.

다시, 유교의 배움론을 성찰하며 정돈해 본다. 유교는 우리가 읽었던 사서四書의 끊임없는 재해석이다. 우리 전통 배움의 핵심을 차지하는 조선 유교는 이들을 기본 경전으로 다루며 삶의 합리성을 고민했다.

유교의 창시자인 공자는 『논어』에서 '온고지신溫故知新'을 강조한다. 그것은 『대학』에서 '일신우일신日新又日新'의 사유와 연결된다. 온고溫故는 배움과 통하며 문화적 전통을 습득하는 일과 연관된다. '여기 – 이때 – 이 상황'에서 과거의 사유를 다양한 측면으로 탐구하여 현재로 연결하려는 의도를 지닌다. 지신知新은 온고를 바탕으로 새로운 것을 발견하고 창조하는 일이다. 창조는 전통에 대한 반성과 의심, 성찰을 통해 힘을 발휘한다. 그러기에 온고와 지신은 사유와 실천의 유기체다.

공자는 이런 작업을 통해 '화이부동和而不同의 군자君子'를 지향했다. 화이부동에는 서로 다른 성격性格의 인간이 서로 조화를 이루어 인격人格을 갖추되, 획일적 성격으로 일원화하지 않는, 어울림의 미학이 담겨 있다. 그것은 자기 깨달음의 영역인

'경敬'의 방법론을 통해 조화와 조절의 행위를 강조한다.

공자의 사유를 계승한 맹자는 '교육敎育'이라는 용어와 개념을 구체적으로 등장시켰다. 그것은 다양한 양식을 통해 살아난다. 특히, 긴장의 끈을 놓은 해이해진 마음, 그것을 바로 잡는, "구방심求放心"을 통해 학문學問의 길을 제시한다. 구방심은 인간의 언어를 헤아리는 '지언知言'과 자생력을 기르는 '호연지기浩然之氣'로 평정심을 지속한다. 마음의 평정을 완벽하게 체현한 인간은 대장부大丈夫로 표현된다.

이러한 유교의 배움 과정은 『대학』에서 정돈된다. 『대학』은 유교의 기본 목표인 수기치인修己治人의 과정을 이론적이고 체계적으로 보여준다. 이른 바 삼강령 팔조목三綱領 八條目인 명명덕明明德 — 신민新民 — 지어지선止於至善, 격물格物 — 치지致知 — 성의誠意 — 정심正心 — 수신修身 — 제가齊家 — 치국治國 — 평천하平天下의 배움 과정으로, 인간 세계를 파악하는 기준과 마음의 상태, 사회를 운영하는 전반적 방법론을 일러준다. 격물치지라는 세계 존재의 인식을 통한 지적 조절 과정을 바탕으로, 성의정심이라는 인간의 실천 행위를 연출한다.

『대학』이 유교의 외형적 시스템이라면 『중용』은 유교의 실제적이고 내면적 내용을 담보한다. 그러기에 『대학』과 『중용』은 유교에서 표리관계를 이룬다. 『중용』의 경우, 심오한 유교 형이상학과 형이하학을 담고 있는데, 우주자연과 인간, 사람과 사람 사이의 삶의 양식을 일러 준다. 다양한 상황과 사태에 대한 조화와 평형, 균형의 원리를 종합적으로 보여준다. 삶의 진정한 맛과 멋을 발효식품의 그윽함처럼 마음에 담아낸다.

인간의 삶은 늘 과거－현재－미래가 중층 구조를 이룬 상황에서 흘러간다. 그것은 현재의 인간이 과거를 포용하는 동시에 미래를 지향한다는 의미이다. 그러므로 인간은 과거에 대한 이해를 통해 미래를 개척할 힘을 얻는다. 그 힘은 배움에 의해 담보되는 경우가 많다.

이 지점에서 우리는 전통傳統을 고려해야 한다. 특히, 인습因習과 구별되는 전통의 특성을 인식해야 한다. 전통은 과거의 가치관을 고집하는 것이 아니다. 과거에 매몰될 경우, 전통은 현재의 삶에 생명력을 불어넣지 못하고, 오히려 현재의 시대정신을 거스르는 고리타분한 인습이 된다.

에드워즈 쉴즈(Edward Shils, 1992)는 전통을 이렇게 표현한다.

> 전통이 받아들여질 때 그것은 너무나도 자명한 것이다. 자기네의 그 어떤 행동이나 신념처럼 중요하다. 그것은 현재에

존재하는 과거이며, 그 어떤 새 발명품과 마찬가지로 현재의 큰 부분이 된다. 우리가 전통을 말할 때, 그것은 본보기나 청지기를 의미한다.

따라서 우리는 현재에서 전통을 내면화할 때 새로운 미래를 창조할 수 있다. 그것이 진정한 전통의 힘이다.

나는 우리 전통의 핵심을 이루고 있는 유교 사서四書의 배움론을 반추하면서 심각한 고민을 했다. 배움은 무엇을 지향하는가? 그 궁극窮極의 자리를 어떤 문구로 표현할 수 있을까? 나는 자신에게 요청한다. 그 배움의 성소聖所에 '건전한 인성'을 각인하고 싶다고.

요컨대, 전통 유교의 지향은 간단하다. 한마디로 '인성교육人性教育'을 염원한다. 이때 인성人性은 인격人格과 성격性格의 합성어다. 사람다움의 격格, 개인 성품의 독특한 격格!

인격교육은 인간으로서 보편적인 인간다움, 사회질서를 유지하는 윤리도덕을 확보하는 작업이다. 성격교육은 사람으로서 개인이 지닌 특성, 즉 개성의 확장, 수월성과 전문성, 창의성을 발휘하는 일과 연관된다.

전통교육은 인간으로서 개인의 특성을 최고도로 발휘하는 '성격' 함양과 모든 사람이 갖추어야 할 '인격' 함양을 배우는 작업이다. 그것은 유교가 강조하는 수기치인修己治人, 성기성물成己成物, 내성외왕內聖外王에 녹아 있다.

나는 유교가 지닌 배움의 특성을 통해, 한국교육의 현재와 미래를 다시 본다. 왜냐하면 건전한 인성의 확보는 어떤 시대를 막론하고, 사람다움을 지속하는 거대한 뿌리이기 때문이다. 성격교육을 통해 나를, 인격교육을 통해 너를, 그리고 인성교육을 통해, 나와 너, 우리의 삶을 고양하는 배움의 세계를 그려본다.

하학이상달下學而上達!

참고문헌

『論語集註』, 『論語或問』, 『論語集釋』, 『孟子集註』, 『大學章句』, 『大學章句大全』, 『大學或問』, 『中庸章句』, 『中庸章句大全』, 『小學集註』 『大學衍義』, 『朱子語類』, 『朱子大全』, 『性理大全』, 『退溪全書』, 『栗谷全書』, 『王陽明全集』, 『心經』, 『禮記正義』, 『書經』, 『周易』, 『荀子』, 『呂氏春秋』, 『說文解字注』, 『康熙字典』

葛晨虹(1998). 『德化的視野-儒家德性思想研究』. 北京: 同心出版社.

강선보(1996). 『마르틴 부버의 만남의 교육』. 서울: 양서원.

高柏園(1991). 『中庸形上思想』. 臺北: 東大圖書公司.

권인호(1995). 『조선중기 사림파의 사회정치사상』. 서울: 한길사.

金碩鎭(1996). 『周易傳義大全譯解』. 서울: 대유학당.

金烱孝(1990). 『孟子와 荀子의 哲學思想』-철학적 사유의 두 원천. 서울: 삼지원.

김경탁(1981). 「유교와 교육철학」. 한국교육학회 편. 『교육의 철학적 이해』. 서울: 교육과학사.

김기현(2002). 『대학-동아시아적 진보』. 서울: 사계절 .

김병호(1996). 김진규 구성. 『亞山의 大學講義』. 서울: 소강.

김수길 역(1999).『集註完譯大學』. 서울: 대유학당.

김수길 역(2001). 『中庸』. 서울: 대유학당.

김용옥(1995). 『중용강의』. 서울: 통나무.

김충렬(1977). 「中庸과 平衡의 理論과 實在」. 『고대신문』. 1977(10. 4. 1면).

김충렬(1990). 『中國哲學散稿』Ⅱ. 청주: 온누리.

김충렬(2007). 『중용대학 강의』. 서울: 예문서원.

羅人杰(1973). 「孟子 '此之謂大丈夫' 章衍義」. 『中國歷代教育家思想集粹』. 台北: 國教輔導月刊社.

南東園(2005). 『주역해의』Ⅰ. 서울: 나남출판.

南懷瑾(1998). 『大學微言』. 北京: 世界知識出版社.

勞思光(1986). 정인재 역. 『中國哲學史』 서울: 탐구당.

다께우찌 테루오(1991). 이남희 옮김. 『동양철학의 이해-四書五經을 중심으로』. 서울: 까치.

段玉裁(1983). 『說文解字注』. 臺北: 漢京文化事業有限公司

大賓浩(1977). 「中の思想」. 『中國古代思想論』. 東京: 勁草書房.

大漢韓辭典編纂室(1998). 『大漢韓辭典』. 서울: 교학사.

董洪利(1997). 『孟子研究』. 江蘇: 江蘇古蹟出版社.

來可泓(1998). 『大學直解 中庸直解』. 上海: 复旦大學出版社.

孟子學術研究會 編(1998). 『孟學研究』. 山東: 山東人民出版社.

목영해(1992). 「子思의 中庸人觀과 아리스토텔레스 中庸人觀의 비교」. 『東西哲學의 比較』. 서울: 교육과학사.

蒙培元(1995). 『中國 心性論』. 서울: 법인문화사.

문태순(2003). 『원형이정의 세계와 교육-주역의 교육관 연구』, 서울: 문음사 .

박완식(2005). 『중용』. 서울: 여강.

박의수(1991). 「율곡 교육사상의 인식론적 연구」. 박사학위논문. 고려대학교 일반대학원.

朴準瑩(1998). 『教育哲學』-존 듀이의 教育哲學과 知性. 서울: 교학연구사.

方東美(1983). 정인재 역. 『中國人의 人生哲學』. 서울: 탐구당.

山東省鄒城市人民政府 編(1998). 『孟子新志』. 泰安: 泰安新聞出版局

서근식(2008). 「『論語』「學而」 1장의 解釋學的 研究」. 동양고전학회. 『동양고전연구』 제32집.

籥 兵(1997). 『中庸的文化省察』. 武漢: 湖北人民出版社.

孫培靑(2000). 『中國教育史』. 上海: 華東師範大學出版部.

송봉구(2000). 「맹자의 부동심에 관한 연구」. 동양고전학회. 『동양고전연구』 제14집.

신오현(1988). 『철학의 철학』. 서울: 문학과 지성사.

신창호(1998). 「원시유학의 교육적 인간상 탐구」 고대 대학원 『호원논집』 제6호.

신창호(2000a). 「中庸의 概念과 思想的 特質」. 한중철학회. 『한중철학』 6집.

신창호(2000b). 「맹자의 마음 수양론과 교육적 인간상 고찰」. 동양고전학회. 『동양고전연구』 제14집.

신창호(2001a). 「『中庸』 教育思想의 現代的 照明」. 고려대 박사논문.

신창호(2001b). 『대학의 교육론 산책』. 인천: 내일을 여는 책.

신창호(2002). 「『中庸』의 교육사상 고찰」. 교육철학회. 『교육철학』 28집.

신창호(2003). 『인간, 왜 가르치고 배우는가 - 동양의 교학론 이해를 위한 시론』. 고양: 서현사.

신창호(2004). 『공부, 그 삶의 여정』. 고양: 서현사.

신창호(2005). 『수기, 유가 교육철학의 핵심』. 서울: 원미사.

신창호(2006a). 「教育과 學의 根源에 관한 탐구」, 동양고전학회. 『동양고전연구』 제24집 .

신창호(2006b). 「『大學』 三綱領을 통해 본 교육의 원리」. 고대교육문제연구소. 『교육문제연구』 제25집.

신창호(2006c). 「『大學』 八條目의 교육과정과 실천양식」. 고대교육문제연구소. 『교육문제연구』 제26집.

신창호(2007). 「동양의 교육전통에서 배움의 의미」. 한국교육철학회. 『교육철학』 제33집 .

신창호(2008). 「『중용』 수장의 교육학적 해석」. 한국교육철학회. 『교육철학』 제34집.

신창호(2009). 「유교의 학습철학」. 성균관대 유교문화연구소. 『유교문화연구』 제14집.

신창호 · 심경섭(2009). 「공자의 인격성숙에 관한 고찰」. 한서대학교 동양고전연구소. 『동방학』 제17집.

신창호(2010a). 「유교의 자아실현과 삶의 맥락」. 한국철학사연구회. 『한국철학논집』 제29집.

신창호(2010b). 『『대학』, 유교의 지도자 교육철학』. 서울: 교육과학사

쑨 잉퀘이 · 양 이밍(2007). 박삼수 옮김. 『주역』. 서울: 현암사.

楊祖漢(1997). 『中庸義理疏解』. 臺北: 鵝湖出版社.

楊澤波(1995). 『孟子性善論研究』. 北京: 社會科學出版社.

양희룡(1997). 「『大學』의 本義에 관한 연구」. 박사학위논문. 성신여자대학교 일반대학원.

에드워드 쉴즈(1992). 김병서 · 신현순 옮김. 『전통』. 서울: 민음사

燕國材(2003). 『中國教育心理思想史』. 濟南: 山東教育出版社.

왕부지(2005). 『讀四書大全說-大學(왕부지 大學을 논하다)』. 왕부지사상연구회 옮김. 서울: 소나무.

王孺松(1990). 『中庸章句補釋』. 臺北: 國立編譯館.

유명종(2001). 『공자의 인간애』. 서울: 현대미학사.

윤사순(1987). 『한국의 性理學과 實學』. 서울: 열음사.

윤천근(1987). 『原始儒學의 새로운 解釋』. 청주: 온누리.

윤천근(1996). 『유학의 철학적 문제들』. 서울: 법인문화사.

이가원 감수(1975). 『孟子』. 서울: 홍신문화사.

이가원(1975). 백연욱 · 이기석 · 전영식 · 한백우 역해. 『大學 · 中庸』. 서울: 홍신문화사.

이경무(2007). 「學과 공자 仁學」. 한국동서철학회. 『동서철학연구』 제43권.

이기동(2007). 『논어강설』. 서울: 성균관대출판부.

李樂毅(1996). 『漢字正解』. 박기봉 역. 서울: 비봉출판사.

이명기(1987). 『仁의 研究-教育學的 接近』. 서울: 양서원.

이민수 · 장기근(1979). 『大學 · 中庸 · 孝經』. 서울: 홍신문화사.

이병관(1999). 『漢字形音義原流字典』. 서울: 미술문화원.

이상은(1965). 「『大學』과 『中庸』의 現代的 意義」. 『大學 · 中庸』. 서울: 현암사.

이승환(1998). 『유가사상의 사회철학적 재조명』. 서울: 고대출판부.

이원목(2006). 「中庸思想의 形而下者的 論理構造」. 한국유교학회. 『유교사상연구』 제25집.

이은선(1998). 「공자의 자아실현 6단계와 현대 성인기 발달과정의 비교 연구」. 교육철학회. 『교육철학』 제20집.

이은선(2000). 『한국교육철학의 새 지평』. 인천: 내일을 여는 책.

이홍우(2000). 『性理學의 敎育理論』. 서울: 성경재.

임능빈(1984). 「성리학의 심리학적 일고찰」. 『심리학의 연구문제』. 서울대 심리학과.

임재윤(1998). 「茶山 中庸論의 敎育思想」. 한국교육사학회. 『한국교육사학』 제20집.

岑溢成(2000). 『大學義理疏解(大學 哲學)』. 황갑연 옮김. 서울: 서광사.

張其昀(1984). 『中國思想의 根源』. 숙명여대 중문연구소 역. 서울: 文潮社.

張立文(1996). 『心』. 北京: 中國人民大學出版社.

장숙필(1992). 『栗谷 李珥의 聖學 硏究』. 서울: 고려대 민족문화연구소.

丁冠之(1997). 『孟子硏究論文集』. 山東: 山東大學出版部.

정순목(1976). 「黃金의 排中律-「中庸」」. 李基奭 譯 · 丁淳睦 評說. 『교육세대를 위한 中庸』. 서울: 배영사.

정재걸(2008). 「'산수몽' 괘의 재해석」. 동양사회사상학회. 『동양사회사상』 17집

정 종(1980). 『孔子의 敎育思想』. 서울: 집문당.

조원식(1994). 「朱熹와 王守仁의 『大學』이해의 변별성」. 석사학위논문. 한국정신문화연구원 한국학대학원.

朱貽庭(1994). 『中國傳統倫理思想史』. 上海: 華東師範大學出版社.

中文大辭典編纂委員會(1985). 『中文大辭典』. 臺北: 中國文化大學出版部.

천웨이핑(2002). 『공자평전』. 신창호 옮김. 서울: 미다스북스.

최상진(1999). 「한국인의 마음」. 최상진 외 4인, 『동양심리학』. 서울: 지식산업사.

최재목(2005). 「심」. 이동철 외 엮음. 『21세기의 동양철학』. 서울: 을유문화사.

馮 寓(1992). 『천인관계론』. 김갑수 역. 서울: 신지서원.

한기언(1978). 『東洋思想과 敎育』. 서울: 법문사.

漢語大詞典編輯委員會(2001). 『漢語大詞典』. 上海: 漢語大詞典出版社.

황의동(1987). 『栗谷哲學硏究』. 서울: 경문사.

황지원(2003). 「인성론의 기반 위에서 본 순자의 공부론」. 중국철학회. 『중국철학』 11권.

Fung Yu-Lan(1952). *A History of Chinese Philosophy Vol. I*. Princeton: Princeton Univ. Press.

Creel, H. G. (1983). 이성규 역. 『孔子-인간과 신화』. 서울: 지식산업사.

Dewey, J. (1897). *My Pedagogic Greed.* 이홍우 역(1987). 『민주주의와 교육』. 서울: 교육과학사.

Needham, J. (1986). *Science and Civilisation in China*(중국의 과학과 문명). 이석호 외 역. 서울: 을유문화사.

Pannenberg, W. (1996). 박일영 옮김, 『인간학』 I · II · III. 칠곡: 분도출판사.

Theodore De Bary & Tu Weiming, ed(1998)., *Confucianism and Human Rights.* N.Y: Columbia Univ. Press.

Thomas, L.(2002). 박장호 · 추병완 옮김. 『인격교육론』. 서울: 백의.

찾아보기

ㅇ

ㅈ

ㅊ

ㅌ

ㅍ

ㅎ

저자소개

신창호(申昌鎬)

고려대학교 문학사(교육학 · 철학)
한국학중앙연구원 문학석사(철학)
고려대학교 교육학박사(Ph.D. 한국교육철학)
사단법인 유도회(儒道會) 한문연수원 수료
현) 고려대 교수

[주요저서]

진시황 평전(공역) (미다스북스, 2001)
공자평전(역)(미다스북스, 2002)
한국사상과 교육윤리(공저) (서현사, 2002)
노자평전(공역)(미다스북스, 2003)
공부, 그 삶의 여정(서현사, 2004)
수기, 유학교육철학의 핵심(원미사, 2004)
교육학개설(서현사, 2005)
동양고전의 세계(서현사, 2007)
사람: 하나를 심어 백을 얻어야(서현사, 2009)
『대학』, 유교의 지도자 교육철학(교육과학사, 2010)
함양과 체찰(미다스북스, 2010)

이메일 sudang@korea.ac.kr

유교儒敎 사서四書의 배움론

– 사서四書의 학문관學問觀을 통해 본 유교의 지향 –

2011년 10월 20일 1판 1쇄 인쇄
2011년 10월 25일 1판 1쇄 발행

지은이 | 신창호
펴낸이 | 조재성
펴낸곳 | 온고지신
(410-817) 경기도 고양시 일산동구 백석2동 1332-1 레이크하임 206호
전화 031-919-6643 팩스 031-912-6643
등록 | 2011년 4월 15일 제396-2011-000066호
ISBN 978-89-966535-0-9
정가 14,000원

之學也．大學章句經一章 註：明德者．人之所得乎天而虛靈不昧．以具衆理而應萬事者也．但氣稟所拘．人欲所蔽．則有時而昏．然其本體之明．則有未嘗息者．大學集註大全：天之賦於人者謂之命．人與物受之者謂之性．主於一身者謂之心．有得於天而光明正大者謂之明德．大學註大全：虛靈不昧便是心．大學集註大全：虛靈．自是心之本體．大學集註大全：明德．只是本．孟子公孫丑 上：惻隱之心．仁之端也．羞惡之心．義之端也．辭讓之心．禮之端也．是非之心之端也．大學章句傳一章：皆自明也．大學章句傳一章 註：天之明命．卽天之所以與我而我之以爲德者也．常目在之．則無時不明矣．大學章句：新者．革其舊之謂也．言旣自明其明德．又推以及人．使之亦有以去其舊染之汚也．大學章句傳二章 註：誠能一日．有以滌其舊染之汚而新．則當因其已新者．而日日新之．又日新之．不可略有間斷也．大學章句傳二章 註：鼓之舞．振起其自新之民也．大學章句傳二章：周雖舊邦．其命維新．大學章句經一章 註：明德爲本民爲末．大學章句經一章 註：止者．必至於是而不遷之意．大學章句經一章 註：至善．則事理然之極也．大學章句經一章 註：明明德．新民．皆當止於至善之地而不遷．周易艮卦：艮．止．時止則止．時行則行．動靜不失其時．大學章句傳三章：邦畿千里．惟民所止．……緡蠻黃鳥于丘隅．……穆穆文王．於緝熙敬止．爲人君．止於仁．爲人臣．止於敬．爲人子．止於孝．爲人．止於慈．與國人交．止於信．大學章句傳三章：子曰．於止知其所止．可以人而不如鳥乎．大學句傳三章 註：言聖人之止．無非至善．五者乃其目之大者也．大學章句傳三章：如切如磋．如琢磨．瑟兮僩兮．赫兮喧兮．大學章句傳三章 註：切以刀鋸．琢以椎鑿．皆裁物使成形質也．磋以以沙石．皆治物使其滑澤也．治骨角者．旣切而復磋之．治玉石者．旣琢而復磨之．皆言其治之緖而益致其精也．瑟．嚴密之貌．．武毅之貌．赫喧．宣著盛大之貌．大學章句傳三章 註：瑟．嚴之貌．．武毅之貌．赫喧．宣著盛大之貌．大學章句傳三章：如切如磋者．道學也．如琢如磨者修也．瑟兮僩兮者．恂慄也．赫兮喧兮者．威儀也．大學章句傳三章：詩云．於戲 前王不忘．君子其賢而親其親．小人．樂其樂而利其利．此以沒世不忘也．大學章句傳三章 註：前王所以新民

蒙. 童蒙求我. 周易蒙. 象曰. 蒙. 山下有險. 險而止. 象曰. 山下出泉. 周易蒙. 初六. 發蒙
用刑人. 用脫桎梏. 以往吝. 象曰. 利用刑人. 以正法也. 九二. 包蒙. 吉. 納婦. 吉. 子克家. 象
子克家. 剛柔接也. 六三. 勿用取女. 見金夫. 不有躬. 无攸利. 象曰. 勿用取女. 行不順也. 六
困蒙. 吝. 象曰. 困蒙之吝. 獨遠實也. 六五. 童蒙. 吉. 象曰. 童蒙之吉. 順以巽也. 上九. 擊
不利爲寇. 利禦寇. 象曰. 利用禦寇. 上下順也. 大學章句序: 人生八世 …… 皆入小學. 而教
以灑掃應對進退之節. 禮樂射御書數之文. 及其十有五年 …… 皆入大學. 而教之以窮理正心
己治人之道. 論語 爲政: 子曰. 吾十有五而志于學. 三十而立. 四十而不惑. 五十而知天命. 六
而耳順. 七十而從心所慾不踰矩. 번호 ①②③④⑤⑥은 논의의 편의를 위해 붙임. 論語集釋
政: 十五成童志明. 人大學學經術. 이하 論語集釋의 원문은 唐以前古注. 人名. 別解 등을 따
제시하지 않고 集釋으로 표기한다). 集釋. 十五是成童之歲. 識慮堅明. 集釋. 觀立上用一而
其指學立毫無疑義. 集釋: 立. 謂所學經業成立也. 古人三年明一經. 從十五至三十是又十
年. 故通五經之業. 所以成立也: 古之學者. 耕且養. 三年而通一藝. 存其大體. 玩經文而已
故用日少而蓄德多. 三十而五經立. 集釋: 三十曰壯. 有室. 立也者. 立於禮也. 君子惟明禮. 而
可以居室. 不然. 風俗之衰與人倫之變. 未有不自居室始者. 故曰人有禮則安. 無禮則危也. 集
四十强而仕. 業通十年. 經明行修. 德茂成於身. 訓治邦家. 以之政. 可以無疑惑也. 集釋. 立
經也. 不惑. 達權也. 集釋: 遇變而惑. 雖立不固. 四十不惑. 可與權矣: 强禮然後可與立. 不惑
後可與權. 集釋: 知天命之始終. 天命. 謂窮通之分也. 集釋: 人年未五十. 則猶有橫企無厓. 及
五十始衰. 則自審己分之可否也. 集釋: 若不惑. 知天命. 則以經證經. 不惑是知人. 知天命則
天. 不惑是窮理盡性. 知天命是至于命: 知天命者. 知己爲天所命. 非虛生也: 故以知天命自
命者. 立之於己. 而受之於天. 聖人所不敢辭也. 集釋: 知天命生德當在我也. 是故知有仁義
智之道. 奉而行之. 此君子之知天命也. 知己有得於仁義禮智之道. 而因推而行之. 此聖人之知
命也. 集釋: 耳順. 文其言而知其微旨也: 言心識在聞前也. 集釋: 耳順者. 廢聽之理也. 朗然

始命終．貴不踰法．示之易行．而約之以禮．爲敎之例．其在茲矣．集釋．聖人之所
其有始有卒．常久日新而已．必積十年而一進者．成章而後達也．論語集釋．曰志曰立曰不惑
境也．曰知天命．悟境也．曰耳順曰從心．證境也．集釋．此章眞夫子一生年譜．自敍進學次第
可見聖人一生所重惟在於學．所學惟在於心．他非所與焉．孟子盡心下．孟子曰．由堯舜至於
．五百有餘歲．若禹皐陶．則見而知之．……有文王至於孔子．五百有餘歲．若太公望散宜生
見而知之．若孔子．則聞而知之．由孔子而來．至於今．百有餘歲．去聖人之世．若此其未遠也
聖人之居．若此其甚也．然而無有乎爾．則亦無有乎爾．孟子公孫丑上．凡有四端於我者．知
擴而充之．孟子盡心上．孟子曰．盡其心者．知其性也．知其性．則知天矣．存其心．養其性．所
事天也．壽不貳．修身以俟之．所以立命也．孟子盡心上．萬物．皆備於我矣．孟子集註盡心
．心者．人之神明．所以具衆理．而應萬事者也．性則心之所具之理．而天．又理之所從．以出者
．人有是心．莫非全體．然不窮理．則有所蔽．而無以盡乎此心之量．……旣知其理．則其所從
．亦不外是矣．……盡心知性．而知天．所以造其理也．存心養性．以事天．所以履其事也．不
其理．固不能履其事．然徒造其理．理不履其事．則亦無以有諸己矣．性理大全性理4(心)．虛
自是心之本體．非我所能虛也．耳目之視聽．所以視聽者．卽其心也．大學傳7章．心有所忿．則
得其正．有所恐懼．則不得其正．有所好樂．則不得其正．有所憂患．則不得其正．心不在焉．視
不見．聽而不聞．食而不知其味．聖學輯要窮理章．橫渠曰．心統性情者也．邵子曰．性者．道
形體也．心者．性之郭也．孟子告子上．學問之道．無他．求其放心而已矣．聖學輯要收斂章
放心．爲學問之其址．蓋古人．自能食能言．便有敎．動罔或悖．思罔或逾．其所以養其良心．尊
德性者．無時無事而不然．……今者．自少無此工夫．徑欲從事於窮理修身．則方寸昏擾．擧止
違．其所用功．若存若亡．決無有成之理．……雖在千萬人中．常知有己．則無事而虛寂．可養
體．有事而照察．可正其用．孟子公孫丑上．自反而縮．雖千萬人．吾行矣．孟子公孫丑上．(公
丑)曰．敢問夫子之不動心．與告子之不動心．可得聞與．告子曰．不得於言．勿求於心．不得於

詖辭．知其所蔽．淫辭．知其所陷．邪辭．知其所離．遁辭．知其所窮．生於其心．孟子集註告子上
人之有言．皆出於心．其心．明乎正理而無弊然後．其言．平正通達而無病．孟子公孫丑上：敢
．夫子惡乎長．曰．我知言．我善養吾浩然之氣．敢問何謂浩然之氣．曰．難言也．其爲氣也．至
至剛．以直養而無害．則塞于天地之間．其爲氣也．配義與道．無是．也．是集義所生者．非義襲
取之也．行有不慊於心．則矣．孟子集註公孫丑上：浩然．盛大流行之貌．氣．卽所謂體之充者
子公孫丑上：必有事焉而勿正．心勿忘．勿助長也．孟子盡心下：可欲之謂善．有諸己之謂信
實之謂美．充實．而有光輝之謂大．大．而化之之謂聖．聖．而不可知之之謂神．孟子盡心下：天
之理．其善者．必可欲．其惡者．必可惡．孟子集註盡心下：可欲是資稟說這人可愛．只是渾全
箇好人．孟子集註盡心下：志仁無惡之謂善．孟子集註盡心下：凡所謂善．皆實有之．如惡惡臭
好好色．是則可謂信人矣．孟子集註盡心下：誠善於身之謂信．孟子集註盡心下：力行其善．至
充滿而積實．則美在其中．孟子集註盡心下：是就行上說．事事都行得盡．充滿積實．美在其
．孟子集註盡心下：和順積中．而英華發外．美在其中．而暢於四肢．發於事業．則德業至盛．而
可加矣．孟子集註盡心下：其在事也．則德盛仁熟而天下文明．是則所謂大人也．孟子告子下
將降大任於是人也．必先苦其心志．勞其筋骨．餓其體膚．空乏其身．行拂亂其所爲．所以動心
性．曾益其所不能．孟子文公下：居天下之廣居．立天下之正位．行天下之大道．得志．與民由
．不得志．獨行其道．富貴不能淫．貧賤不能移．威武不能屈．此之謂大丈夫．孟子集註文公下
居．仁也．正位．禮也．大道．義也．孟子集註文公下：此心．廓然無一毫私意．大學章句大全
章：其要人先讀大學以定其規模．次讀論語以立其根本．次讀孟子以觀其發越．次讀中庸以求
人之微妙．論語雍也：中庸之爲德．其至矣乎．民鮮久：中庸3章：中庸之爲德．其至矣乎．民鮮
久．中庸章句：朱子．中者．不偏不倚無過不及之名．庸．平常也．：程子．不倚之謂中．不易之
庸．　中庸章句大全 1章 註：天所賦爲命．物所受爲性．理一也．自天所賦予萬物言
人物所稟受於天言之謂之性．：大學章句大全 首章：天之賦於人物者謂之命．
性．中庸章句 20章：思知人．不可以不知天．孟子公孫丑上：無則餒之